SOLES EMELLIS
Junte del Taller Literario Rácata II

Rafael Catalá
Director del Taller

Orlando José Hernández
Coordinador del Taller

Rafael Catalá Robertoluis Lugo
Editores del Junte

Programa de Arte y Cultura
Colegio Comunal Eugenio María de Hostos
de la Universidad de la Ciudad de Nueva York

PRISMA BOOKS

©1983
Prisma Books, Inc.
Box 375, Audubon Station
New York, New York 10032

ISBN 0-910235-02-3
Library of Congress Catalog Card No. 83-61864

This volume is indexed in the *Index of American Periodical Verse.*

Book Design: Bruce Daniel
Cover Design: Bruce Daniel
Composition: Empathic Studios, New York

Sponsored by the Hostos Community Advisory Council
with funds from the Dept. of Cultural Affairs,
City of New York

Cover: Solar coronagraph with moon, taken by NASA's Skylab
Observatory and processed by the High Altitude Observatory
of the National Center for Atmospheric Research (HAO/NCAR).

A la comunidad del Sur del Bronx.

Al Colegio Eugenio María de Hostos:
a todos aquéllos que han hecho posible la realización
de este sueño latinoamericano;
a quienes lo han defendido (sus verdaderos fundadores);
a quienes luchan día a día por su engrandecimiento.

Indice

Advertencia

En este Junte hemos dado una muestra del trabajo de este taller. En el proceso de elaboración del mismo nos dimos cuenta de que la antología en sí sería sólo la fachada de este edificio. ¿Por qué no, entonces, mostrar el andamiaje y los puntos de tensión arquitectónicos que dan la cohesión y la dinámica a este sistema?

En *Raigambre de avanzada*, encontrará el lector un esbozo teórico y práctico de nuestra artesanía poética: I. El camino, o plenitud emelli; y II. Praxis emelli. En la próxima sección hemos incluido una muestra del trabajo del taller y otra de un ejercicio. Finalmente, una sección de Apéndices que expanden y ejemplifican algunas ideas abordadas en *Raigambre*. El último Apéndice es una bibliografía mínima a la que hemos añadido las direcciones de algunas casas editoriales, para así hacer más asequible la adquisición de textos.

Rafael Catalá
Robertoluis Lugo
Editores

Raigambre de avanzada

I. El camino, o plenitud emelli.

El taller literario Rácata es un esfuerzo colectivo integrador. En él se juntan la práctica poética— o literaria en general— con los aspectos teóricos de esa práctica. Todo proceso creador genera una estructura teórica, explícita o implícita, que marca el curso de una práctica. Rácata no se queda en el proceso literario como práctica aislada de un devenir cultural— que somos y en el que estamos inscritos— sino que al mismo tiempo que se auna a ese devenir, le añade.[1] Rácata es una continuidad de la literatura— y por ende de la cultura— y es por esto que es, a su vez, una vanguardia. Hombres y mujeres— poetas y escritores— escudriñando el presente, y escudriñándose en sus textos, para dar a luz los nuevos pasos.

En su ensayo *Nuestra América*, José Martí apuntó: "injértese en nuestras Repúblicas el mundo; pero el tronco ha de ser el de nuestras Repúblicas".[2] También apunta en ese ensayo que los jóvenes salen al mundo a adivinar "con antiparras yankees o francesas, y aspiran a dirigir un pueblo que no conocen".[3] Esto decía respecto al colonialismo cultural. Hostos, igualmente centrado, enraizado, construyendo los cimientos del hombre y mujer americanos, decía hablando de la educación:

> ¿Habríamos de ir a restablecer la cultura artificial
> que el escolasticismo está todavía empeñado en

---

1. Ver *Apéndice* en este libro, *Apuntes del taller*, págs. 144-45.
2. Martí, José. *Obras completas*. (Caracas, 1964), Vol. III, pág. 108.
3. *Ibid.*

resucitar? Habríamos seguido debiendo a esa
monstruosa educación de la razón humana, los
ergotistas vacíos que, en los siglos medios de
Europa y en los siglos coloniales de la América
Latina, vaciaron la razón, dejando como impuro
sedimento las cien generaciones de esclavos
voluntarios....

¿Habríamos de buscar en la dirección que al
Renacimiento dió la cultura moral e intelectual, el
modelo que debíamos seguir? No estamos para eso.
Estamos para ser hombres propios, dueños de
nosotros mismos, y no de ser hombres prestados;
hombres útiles en todas las actividades de nuestro
ser, y no hombres pendientes siempre de la forma
que en la literatura y en la ciencia grecorromanas
tomaron las necesidades, los afectos, las pasiones,
los deseos, los juicios y la concepción de la
naturaleza.[4]

Hostos, como Martí, vislumbra que para hacer una
contribución a la cultura hay que hacerla desde sí
mismos, desde la experiencia y teorías propias: "estamos
para pensar, no para expresar; para velar, no para soñar;
para conocer, no para cantar; para observar, no para
imaginar; para experimentar, no para inducir por
concepciones subjetivas la realidad objetiva del
mundo".[5] Clemente Soto Vélez, sumándole a esta
tradición, ha aseverado que "la ignorancia toma
apariencia formal en el acto mismo en que el hombre se
niega a volar con sus propias ideas".[6] Estas palabras de

---

4. Maldonado-Denis, Manuel. *Hostos.* (Puerto Rico: Editorial
   Antillana, 1981), pág. 208.
5. *Ibid*, págs. 208-09.
6. Soto Vélez, Clemente. *Escalio.* (Puerto Rico: Editorial Puerto Rico
   Libre, 1937), pág. 59.

Soto Vélez y de Hostos aplican también a la poesía, *mutatis mutandis*, aunque Hostos se refería aquí a la pedagogía y no a la poesía específicamente.En aquella época ya había florecido la poesía, pero no las ciencias u otros campos del saber. Lógico era que Hostos centrara sus fuerzas en lo necesario. Aún es necesario, muy necesario, pues los científicos latinoamericanos tienen que emigrar para hacer su contribución al mundo. Todavía más, tienen que salir de sus países para poder estudiar ciencias, ya que los programas de sus universidades son sumamente deficientes. Ya hay dos o tres países en América, que tomando conciencia de esta necesidad, han comenzado a sembrar programas dignos de sus pueblos y sus culturas, pero aún lo anterior es regla y lo posterior vanguardia.

En la literatura ha sucedido algo similar. El poeta, el escritor, y el crítico latinoamericanos han tomado las teorías europeas sin siquiera preocuparse por saber si había americanos pariendo a América. En Estados Unidos y Canadá, ha ocurrido lo mismo. Nunca se dieron cuenta de que el proceso codificador de teorías era el seguir pensando una continuidad seminal dada por un poeta, un filósofo, un teórico, un científico, un pensador. Lo que un pensador europeo ha pensado por escrito lo han seguido digiriendo otros escritores, y le han ido añadiendo lecturas. Lo que digirieron los griegos todavía se digiere en todo el mundo. Se pulen todavía las paredes del Partenón, y esto está bien. Pero se pulen a expensas y a disminución de nuestra cultura americana, y esto está mal. Como hemos sido educados dentro de esta tradición, no nos han enseñado nuestra historia, nuestros pensadores, nuestras civilizaciones; y hemos aprendido a tenerlas a menos, conciente e inconcientemente. "La Universidad europea ha de ceder a la Universidad americana. La historia de América, de los incas a acá, ha de enseñarse al dedillo, aunque no se enseñe la de los arcontes de Grecia. Nuestra Grecia es preferible a la Grecia que no es nuestra. Nos es más necesaria".[7] Pulir las paredes del Partenón, sí, siempre y cuando hayamos pulido antes las pirámides de Chichén Itzá, las paredes de Machu Picchu, y las líneas nascas del Perú. Una vez que hayamos hecho esto, en vez de devaluar lo que ignoramos, hemos de añadirle a la labor de nuestras inteligencias seminales. Ahí están vírgenes, o casi vírgenes, las obras de Hostos, de Martí, de Bello, de Luz y Caballero, de Betances, de Sor Juana, para sólo mencionar unos pocos de ayer. Las generaciones posteriores cuentan con Alfonso Reyes, Pedro Henríquez Ureña, Roberto Fernández Retamar, Darcy Ribeiro, Paulo Freire, Clemente Soto Vélez, José Lezama Lima, Macedonio Fernández, Roa Bastos, Fernando Ortiz, Borges, Vallejo, Leopoldo Zea, Antonio Caso, entre muchísimos otros, dándonos una visión fresca y profunda de nuestra América. Muchos de ellos han sido, y son, hombres y mujeres que *piensan el mundo*, no hombres y mujeres que piensan *en* el mundo. Estudiar, integrar, incorporar, digerir la labor de estos intelectuales es labor de todo poeta, escritor, o científico. El conocimiento es uno, ya sea física o pintura, antropología o estética. La poesía es parte, y es expresión, de este conocimiento.

Con esto no se quiere caer en un latinoamericanismo patriotero, sino dar el salto que nos pertenece como cultura universal: hacer una contribución profunda a la cultura humana. De la misma forma que está sucediendo hoy día— pues muchas de las obras maestras del siglo XX están siendo escritas en Latinoamérica— hay que

---

7. Martí, José. *Op. cit.*, "Nuestra América", pág. 108.

hacerlo en el plano teórico-literario, científico, filosófico, estético. Los cimientos para hacer esto están echados— de Martí y Hostos a Ribeiro y Fernández-Retamar, de Félix Varela y Luz-y-Caballero a Freire, de Sigüenza-y-Góngora y Sor Juana a Macedonio Fernández y Lezama-Lima, García-Márquez y José Luis González— y lo que hay es que seguir añadiéndole puntos al tapiz, añadiéndole y perfeccionando los pilares de la patria continental.[8] [Además, hay que aprender a imprimir y distribuir la producción de todos nosotros. Estos aspectos son parte del proceso creador, no algo separado del mismo.] Hasta hoy la regla ha sido premiar a los que copian mejor los modelos europeos o estadounidenses por la modorra de escudriñar teoría de nuestros pensadores.[9] No es que se nieguen las contribuciones de esas partes del mundo, la falta está en que se copien sin

---

8. "Patria continental" de Hostos, en su ensayo "Lo que intentó Bolívar" para *La Opinión Nacional* de Caracas (*América: la lucha por la libertad* de Eugenio María de Hostos. Estudio preliminar por Manuel Maldonado-Denis. (México: Siglo XXI Editores, 1980), pág. 58.)

9. Un ejemplo de lo que acabamos de decir lo tenemos en la obra de José Vasconcelos. De su obra se ignoraron sus aspectos filosóficos, hasta que el ensayista panameño Didier T. Jaén apuntó en un artículo la coincidencia de ideas entre la obra de Vasconcelos y la de Teilhard de Chardin. No se puede decir que Vasconcelos fue influenciado por Teilhard pues la obra de éste se publicó con posterioridad a la obra de Vasconcelos. Dice Jaén: "Es irónico que ideas similares a las de Vasconcelos fueran luego propuestas por mentalidades tal vez más metódicas y científicas que la suya. Tal es el caso del antropólogo francés Pierre Teilhard de Chardin (1881-1955), en su obra *El fenómeno del hombre* (escrita en 1935 pero no publicada hasta 1955)."

Este artículo que reivindica y muestra las raíces y formación de esta proyección futura del pensador mexicano: "su teoría de la raza cósmica no es simplemente una teoría racial o sociológica independiente de su obra total. Sus raíces están en el *Pitágoras, una*

juicio crítico. Para utilizar una frase de Hostos, se le premia al mejor "esclavo voluntario".

Por supuesto que hay que apropiarse de lo que nos haga falta de cualquier parte del mundo— nuestra condición de ser humanos nos hace co-creadores y herederos de toda la herencia de la especie humana, tal como los llamados países desarrollados se benefician hoy día de las obras maestras latinoamericanas o del descubrimiento del agente transmisor de la fiebre amarilla por un científico latinoamericano, o del petróleo venezolano o mexicano, o el oro y la plata que desapareció en el saqueo de América a partir del arribo de los europeos—, pero hay que hacerlo propio y perfeccionarlo con nuestro pensar. Esto es, entrando en el DNA de un código, hacerlo producir desde nosotros, perfeccionarlo, y hacerlo producir entonces para el mundo y para nosotros. Ninguna cultura produce, o crea, algo puramente autóctono. Los griegos le deben a los egipcios y babilonios, entre otros, muchas de sus semillas. Tales de Mileto había viajado a Egipto y estaba

---

teoría del ritmo y sus principios básicos se encuentran diseminados a través de toda su obra filosófica, desde la *Metafísica* y la *Estética* hasta culminar en la *Lógica orgánica* y *Todología* (*Filosofía de la Coordinación*)" .... Una "cabal re-evaluación del ensayo de Vasconcelos se requiere pues, un estudio más detallado de lo que permiten estas páginas", concluye Jaén (Catalá, Rafael. "La cultura en la práctica de la libertad", en *Ideologies & Literature*, Núm. 16: "Problemas para críticos sociohistóricos de la literatura: un estado de las artes", Universidad de Minnesota, 1982). Aunque uno no esté, o esté, de acuerdo con las ideas de Vasconcelos, su obra exige la lectura, el análisis, y la codificación, por parte del intelectual americano. Ahora, lo triste es tener que descubrir nuestras vanguardias desde la retaguardia europea, descubrir por reflejo de lo que ya se ha catalogado como "bueno". Con Macedonio Fernández ha ocurrido algo similar. Esta forma colonizada de pensar, de acercarnos a la realidad, hay que eliminarla de nuestro ser americano.

versado con el conocimiento babilónico.[10] Mileto, una ciudad jónica en las costas del Mediterráneo de lo que es hoy Turquía, fue un gran puerto comercial que no sólo servía a Grecia, sino a Egipto y a Babilonia— que en aquel entonces se encontraban en el apogeo de sus culturas. El pensamiento de los filósofos milisios, como Anaximandro y Anaxímenes, fue influenciado también por estas culturas.[11] Tales trajo de Babilonia y de Egipto las semillas de las nuevas ciencias de astronomía y geometría que luego germinaron y crecieron en la fértil tierra jónica.[12] Los europeos le deben a los árabes no sólo los números arábigos, sino el que la cultura griega fuera redescubierta y llegara a su seno. Alfonso X, el Sabio, hizo traducir al latín los antiguos textos clásicos. Textos que vinieron a través de los árabes. La escuela de traductores de Toledo, en España, fue el centro por la que se gestó la concepción del Renacimiento europeo. De España este génesis pasó al resto de Europa y se perfeccionó en Italia.[13]

La contribución a la lingüística moderna del estadounidense Noam Chomsky es importantísima. Lo mismo ocurre con la contribución de Marx a la filosofía, al arte, a la economía, a los estudios interdisciplinarios. La obra de José Carlos Mariátegui es una contribución a la cultura americana que parte de la lectura de Marx. Lo mismo ocurre con la antología de ensayos estéticos de

10. Sagan, Carl. *Cosmos*. (New York: Random House, 1980), pág. 176.
11. Allen, Reginald E. *Greek Philosophy: Thales to Aristotle*. (New York: The Free Press, 1966), pág. 1.
12. Sagan, Carl. *op cit.*, pág. 177.
13. Bronowski, J. *The Ascent of Man*. (Boston: Little, Brown,& Co., 1973), pág. 177.

Adolfo Sánchez Vázquez, *Estética y marxismo*,[14] donde se presentan las contribuciones europeas y latinoamericanas en el campo de la estética. La contribución del chileno Francisco Varela en que se sintetizan los puntos de vista de la dialéctica y de la cibernética,[15] es otro ejemplo de contribuciones que añaden. Estas contribuciones no sólo añaden en pensamiento, sino que suman en controversia, que a su vez agudiza y genera más ideas, teorías, poemas. En estos casos se tomó lo europeo y se cocinó en América. Se contribuye y se influencia a su vez a Europa. Este ha sido el caso de Borges, quien, a pesar suyo, tomó la tradición europea y la convirtió en museo. De ara se convirtió en pedestal. En este sentido la escritura de Borges añade, pues nos liberó, en más de una forma, del peso brutal de esa tradición. Ahora es un museo sin más, digno de su cultura y sus pueblos.[16]

En América se conoce poco de la literatura nahuatl, guaraní, chicana, neuyorrican. Estas dos últimas muestran un florecer vigoroso. De las primeras literaturas, León-Portilla, Garibay, Bendezú Aybar, entre otros, tienen mucho que enseñarnos.

Poco se conoce de la música latinoamericana, es decir,

---

14. México: Ediciones Era, 1975. Dos tomos.
15. Varela, Francisco. "Not One, Not Two", *Coevolution Quarterly*, Otoño 1976 (Sausolito, California). Esta información la tomé de *Maps of the Mind* por Charles Hampden-Turner (New York: Macmillan Publishing Co., 1981) Mapa 54, págs. 190 y 219.
16. Lezama Lima va más allá que Borges, ya que su obra no sólo integra y trasciende lo europeo, sino también integra el Africa antillana. En Lezama el sincretismo florece vigoroso. Don Luis de Góngora se honra y se trasciende con Lezama.
    Puntales del sincretismo lezamiano lo encontramos en su ensayística. "De aquí que una de 'Las imágenes posibles' de Europa en América tomando otro texto lezamiano apunte:

americana. Hace poco en Nueva York, eruditos negros estadounidenses presentaron obras clásicas de compositores brasileños negros del siglo pasado. También se ha comenzado a desenterrar la obra operática del compositor negro estadounidense William Grant Still. Hoy día la música de Carlos Chávez, de Alberto Ginastera, de Philip Glass, de Roberto Sierra— México, Argentina,

---

Europa arrastraba su cuerpo hacia el lomo sin agua, aunque pudiera caerse. Y Europa comenzó a gritar. El toro, antiguo amante de su blancura, de su abstracción, siguió hacia el mar con noche, y Europa fue lanzada sobre los arenales, hinchada con un tatuaje en su lomo sin tacha: tened cuidado, he hecho la cultura. De los gritos que recordamos: el Dios Pan ha muerto, el nietzcheano ha matado a Dios, y las ediciones vespertinas que voceaban: el asesinato de Europa, en el bolsón de su faltriquera se ha encontrado la cultura.... Europa con su blancura y abstracción está sola en la playa. No hay la novela de Afganistán ni la metafísica americana. Europa hizo la cultura. Y aquel verso: *tenemos que fingir hambre cuando robemos los frutos.* ¿Hambre fingida? ¿Es eso lo que nos queda a los americanos? Aunque no estemos en armonía ni en ensueño, ni embriaguez o preludio: el toro ha entrado en el mar, se ha sacudido la blancura y la abstracción, y se puede oír su acompasada risotada baritonal, recibe otras flores en la orilla, mientras la uña de su cuerpo raspa la corteza de una nueva amistad. (1948)

La cultura que se sabe, que se da cuenta de que su expresión no es problematismo a resolver (*La expresión americana* de Lezama) sino despertar, trabajar, y expresar lo que se es." (Rafael Catalá, *op. cit.*). En *Esferaimagen* y en *La expresión americana*, entre otros, comenzamos a darnos cuenta de una toma de conciencia respecto a la cultura americana, al paisaje— que yo interpreto como paisaje cultural, natural e histórico, etcétera, todos los paisajes posibles de nuestro proceso creador—, que abarca una práctica literaria que incluye muchos continentes, y se apropia de ellos.

Estados Unidos, Puerto Rico— comienzan a darnos otro sabor de tierras.

Con estas ideas he venido trabajando hace varios años, y es la orientación que le he dado al Taller Rácata II. Estas ideas fueron expuestas dentro de la artesanía poética, y dentro de una visión de la cultura donde los principios científicos sean integrados en esta práctica poética.

II. Praxis emelli.

El Taller Rácata II continúa y añade a la práctica artesana de Rácata I: un crecer colectivo e individual: una continuidad de trabajo. En Rácata I se establecieron bases prácticas y teóricas.[17] Rácata II recoge la crítica al primer taller y la incorpora. El poeta Juan Rivera propuso una sección de ejercicios *in situ*: escribir un poema en el taller en un tiempo prefijado en cada sesión. Se le da a los talleristas un tema, un objeto o un concepto, y en diez minutos tienen que escribir un poema. Por ejemplo, un día traje una cebolla. Los talleristas la tuvieron en sus manos, la olieron, la observaron. De esta experiencia salieron poemas de perspectivas muy diferentes. También nacieron poemas a una silla, a un reloj, a una pañoleta, a un zapato, a una naranja, a unos espejuelos, a la temperatura, al machismo. Incluímos algunos de ellos como muestra de los frutos de la idea de Rivera.

En lo que a mí toca asigné una serie de lecturas teóricas al taller. Éstas abarcaron tres enfoques diferentes. Primero, una perspectiva más o menos tradicional de la

---

17. Ver en el *Apéndice, Apuntes del taller*, págs. 144-45.

poesía, como la de César Fernández Moreno; 2do., otra con enfoque teoricamente latinoamericanista, como la de Roberto Fernández Retamar; y finalmente, una que introdujera a los talleristas al estudio de las relaciones entre las ciencias y la literatura, como la física en este caso. Se estudiaron diferentes ramas de la física y cómo incorporar estos principios a la práctica poética, o cómo escribir desde estos principios. Se hizo hincapié en la física quántica.

Las diez semanas del taller no fueron suficientes, pero la inquietud quedó sembrada y florecerá. Bien podrán saltar los talleristas a la antropología, a la química, a las ciencias de la información, a la biología— un poema de Víctor de León muestra esta inquietud y esa visión evolutiva. En la unidad del conocimiento— poesía o física, antropología o estética, ciencias de la información o biología o astronomía— el tallerista se prepara para dar un salto más por medio de la apropiación conciente de su cultura.

La experiencia y logros del taller Rácata nos han dado una visión, una praxis, y una ejecución de la poesía teoricamente práctica y factible. Una muestra de sus frutos son las antologías *Esta urticante pasión de la pimienta* de Rácata I, que dirigió Clemente Soto Vélez, y *Soles emellis* de Rácata II, que dirigió el que escribe. El producto principal de estos talleres es y será siempre el proceso transformador que tiene lugar en los talleristas, y a su vez en la sociedad en que éstos están inscritos.

Rácata se debe grandemente a la visión y al esfuerzo del compañero Orlando José Hernández. También al de todos los compañeros y compañeras de la Junta de Rácata. La visión y el esfuerzo de todos estos compañeros, y del proceso transformador que es Rácata, lo plasmó Orlando en el texto final de este Junte, *El taller que vendrá*.

En la lucha por la independencia contra España, Ramón Emeterio Betances apuntó algo que cabe hoy día respecto a la voluntad de crecer de este taller. Decía Betances:

> Debemos conspirar, porque sin escuelas, sin colegios, ni más medios de instrucción que los que pueden proporcionarnos en el extranjero nuestros propios recursos, vemos a la juventud languidecer en medio de la común ignorancia, sin otro estímulo ni otro ideal que los placeres sensuales. Debemos conspirar, porque en cambio de estos males ciertos y de los vejámenes que diariamentre sufren, y de las trabas que por doquier nos cercan, y de la inmoralidad que va sembrando a su paso la esclavitud, el orden material no gana y crece en proporción de los esfuerzos, sino antes bien se estanca o arrastra torpemente. Debemos, final-mente, conspirar, porque nada hay que esperar de España ni de su Gobierno. Ellos no pueden darnos lo que no tienen.[18]

Esto funciona también a nivel de la cultura. La visión fresca de un nuevo mundo que nace en Ribeiro, en Freire, en Soto Vélez, en Fernández Retamar, y en la poesía y práctica de Rácata— para no dárnosla de humildes. Nuestros propósitos son ambiciosos en lo que respecta a nuestra práctica poética y en nuestra contribución conciente a la cultura. Lo que valdrá en el futuro serán los frutos, la inquietud creadora e intelectual que sembremos en nosotros y en la sociedad,

---

18. Maldonado-Denis, Manuel. *Betances: Revolucionario Antillano y otros ensayos.* (Río Piedras, Puerto Rico: Editorial Antillana, 1978), págs. 30-31.

nuestro esfuerzo y nuestra visión. "La historia de la independencia de los pueblos no es más que una comprobación histórica de la ley del desarrollo", dijo Hostos en uno de sus ensayos.[19] Esto está ocurriendo en el Sur del Bronx: la ley del desarrollo cultural latinoamericano sube unos peldaños más en este sincretismo cultural que somos. Esta cultura que somos y de la que estamos concientes.

El Taller Rácata también organizó un simposio sobre la mujer latinoamericana en su literatura. Lo coordinó Loida Rodríguez Ledesma. El programa lo reproducimos en el Apéndice. Asimismo, conversamos con el narrador y ensayista puertorriqueño José Luis González, con el poeta argentino José Aníbal Yaryura, del Long Island Poetry Collective, y con el poeta dominicano Alexis Gómez. Luis Príncipe, ex-líder de trabajadores en Nueva York y poeta puertorriqueño, participó varias veces en el quehacer del taller.

En el Apéndice damos una bibliografía mínima de lecturas posibles para los que quieran continuar creciendo con nosotros.

Finalmente, el título de este Junte surgió de esta misma fecundación intelectual continua entre los Racateros. Clemente Soto Vélez estaba enfermo en el hospital. Una de esas noches tuvo una experiencia donde vio cuajar todas sus aspiraciones para este continente: una universidad americana en las Antillas, donde se estudiaba y se investigaba en todos los campos del saber; desde literatura hasta biología, desde física hasta botánica e

---

19. Hostos, Eugenio María de. "La noticia de la muerte de Maceo" en *América: la lucha por la libertad* (México: Siglo XXI Editores, 1980), pág. 93.

ingeniería. Universidad donde se generaba *activamente* el conocimiento. El nombre de esta universidad era *Soles Emellis. Mellys*, palabra yoruba afro-caribeña que significa *mellizos* o *gemelos*.[20] Debido al sincretismo de este nombre, el cuerpo del taller lo eligió como título para este Junte.

Rafael Catalá

Junio de 1983
Sur del Bronx, Nueva York.

---

20. En el proceso adivinatorio de la religión de los orichas, el *babalawo* cuenta con un instrumento conocido bajo el nombre de *opele*. Cada *opele* consiste de dieciséis *oduns* o *meyis*. Estos se van subdividiendo de dieciséis en dieciséis hasta llegar a una cantidad inmensa, como las cantidades de las predicciones astronómicas de algunas civilizaciones de Mesoamérica. La partícula *e* es una preposición inseparable que denota origen, como en *emanar*. Para una mayor discusión de *meyis*, véase : Sánchez, Julio. *La religión de los orichas: creencias y ceremonias de un culto afro-caribeño*. (Hato Rey, Puerto Rico: Colección de estudios afro-caribeños, 1978), pág. 52.

ebolusión emelli

rácata constitulle el atrebimiento ferós de lo nuebo. un cúmulo de experiensias ilbanando la istoria qe parte de la toma de consiensia de qe somos el paraje de la umanidad, como apuntara en una ocasión klemente, qe en nuestra américa impulsa la continua inbensión del conosimiento, de la orijinalidad del berbo, del redescubrimiento de lo sientífico, de aser con la siensia i con el arte el instrumento definitibo para la liberasión total de nuestra américa i de la umanidad completa.

este junte es la expresión de ese impulso creador junto a la lucha qe desarrollaron compañeros como pablo cabrera, nilsa saniel, ron mendel, gerry mayer, ramón jiménez, josé lópez el flaco, tostin, milagros enríquez, eva negrón, el gato, ana monegro, tomás cariño, gloria aguayo, ponce laspina i muchos otros qe como ellos isieron posible la existensia de este colejio eugenio maría de hostos; junto a tabaqeros como bernardo vega, a líderes sindicales i comunales como jesús colón, klemente soto beles, gaspar delgado, carlos feliciano quienes junto a otros latinoamericanos plantaron la sapata qe fortalese este piso cultural qe oi nos sostiene; junto a los puertorriqeños, a los salbadoreños, a los nicaraguenses, a los cubanos, a los granadinos, a esta umanidad latinoamericana qe oi se junta para ajigantar su bos i su consiensia, junto a esta ecatombe transforma- dora es qe respiran nuestros pulmones para comensar a crear la istoria desde nuestra concretisidad como seres umanos. i es por esto la dedicatoria de este junte.

aqí qeda plasmado el intento de todo un año de trabajo duro i recargado, el qe ubo qe pujar con los intestinos i con el alma. pero aqí estamos undiendo nuestra ferosidad en el trabajo, buscando otros corasones para qe unan su pulso a este corasón qe estamos inbentando.

como todo proseso transformador rácata no termina; sí, se trassiende a sí mismo; sí se qita su biejo pellejo i amplía su follaje literario a otros jéneros i prollectos: más talleres, un colectibo de escritores, una editorial colectiba, intercambios con otros escritores, el continuo asercamiento a nuestras comunidades i por añadidura irrebersible la transformasión de nuestros pueblos en pueblos llenos de orgullo i amor por la istoria qe ellos mismos asen.

en esta eternidad es qe nos encontramos i en ella nos segiremos encontrando.

robertoluis lugo
sur del bronx, nueba york.

HAYDEE AVILA

Lugar común

Hoy va a llover.
Mi cabello se encrespó,
se ha vuelto grisácea mi piel.
En mis ojos brilla la nostalgia
de los rostros tropicales.

Mi tono se acentuó meloso
volviendo mis manos inquietas.
Pasos lentos nacen de mis pies
haciéndolos caminar hacia memorias
que engendran sensualidad.

Hoy va a llover.
He pensado en ti mientras escribía.
Ansiedad y desprendimiento revolotean en mi ser.
Las hojas que carga el viento
han humedecido mi mente.

Espejo

Imagen fugaz
rasgos cansados
ojos afiebrados
piel tenaz
reflejo pasado
destilación de estados
hebras de ritual
cayendo del cráneo

Se quedó atrás
el camino
volver, pies y manos
sentidos labrar
rastros vedados
arraigados suspiros
la maldad excluyan
cristales azogados

VILMA BAYRON BRUNET

a D. C.

Me encantaría, simplemente, estar loca.
Casarme y tener hijos,
respetando los semáforos
de la moral roja, verde y amarilla.
Me encantaría contradecirme a cada paso.
No aceptar ningún riesgo,
ningún peligro.
Cantarle a la vida
sonriente,
con valor,
con ardor,
con gallardía.
Mirar y no ver, contenta.
Sentir la pasión del destino.
Me encantaría, simplemente, estar loca
y que no se me escapara nunca este grito.

Ocurrió en el tiempo
de sublimes quietudes.
Cuando no había
risas ni llantos,
ni mares azules.
Estalló en aquel tiempo,
sin remedio,
el futuro.

Como en el vivir,
la forma es lo principal aparente.
Lo más importante es decir
Recuerdos, Adiós, Suerte
y saber lo que hay detrás.
Como en el vivir,
los más estrictos mienten.

No podré ya cantar
sino al tiempo devuelto en recuerdos,
en el aleteo constante
de mi ansia y los días.
No podré ya seguir
si no es con las horas,
lentas,
cayendo al vacío;
si no es con la piel,
por dentro,
curtida;
si no es con mi duda,
en la sangre,
diluída.

TERESA BLANCART KUBBER

a lugo
a wiso

roberto lugo
me habló
sin hablarme
wiso
me miró
sin mirarme
dualidad
de mi pensar
vertiente
de mi mismo amor
deslaberinto
de mi laberinto
puerta
abierta
de conceptos descinjeturales
trueno
bibliotecario
sin libros punzantes
sencillez
anatómica
de palabras mudas
de miradas-no miradas
ellos yo
remolino amoroso
punta-flecha en *nosotros*

quechua

el río
se metió en mi pupila
y la roca
por mi boca entró
fue el quechua
rodando en mazamorra
la niña wata-wara
vació de nada la pollera.
Espectar
nada que hacer
los caminos de las llamas
siempre se entristecen
frío
agujereador de tunas.
Yo quechua
arí arí arí

---

en idioma aimará, *wata* = amarrar;
wara = aurora
en quechua, *arí* = sí

buscando

tu mano
las manos
se filtran
se buscan
sólo ellas
respirando
silencio
amando
las pisadas
de los forasteros
que transitan
primero

porque mis cosas
son sencillas
como ojo que brilla
y se estrella
cuando mi deshabitado
corazón
no se reconoce
apresurando los tiempos
sin moverme
circulo mi universo
taladro y taladro
agonizo
tanta sencillez
que desdoblo
mis bolsas repletas
de boquitas ensalivadas

RAFAEL CATALA

Hora Calibán

para Roberto Fernández Retamar

Remueve la hojarasca de Próspero este otoño
invierno ¡Calibán!
levanta el horcón y derriba paredes ilusorias.
Dice que los gánsteres náuticos de las grandes potencias
que en las Antillas dirimían sus querellas de cuatreros.

Tlacamaz en nahua es hombre entero.

El idealismo práctico, Calibán
hondero. Lanzó certero a la cabeza,
y fue Martí
y la descendencia de Martí.
Seso, músculo y hueso
armónicos

Tlacamaz en nahua es hombre entero.

Gigante de barro desmorona en sus fallas geológicas.
Calibanes trabajan
Firme, alto y tibio calibanes trabajan
abonando incas, tomando nota deste paisaje nasca,
de aquel momento Aztlán,
aquella isla es universitaria
erigiendo fábricas en Pernambuco y campos de investigación
        bioquímica en Puerto Príncipe

Tlacamaz en nahua es hombre entero.

Próspero cayó al tremendo peso de una leve piedra.
Calibán deglutió
y se levantó sabiéndose Tlacamaz América.

Sincretizando

para todos los talleristas,
compañeros de Rácata

Los párpados de luna
recorridos por niñas juguetonas
se inician al borde de la coyunda
de un tálamo fecundo

Los párpados de luna
escuchan música de Philip Glass
y Einstein pasea una mañana por la playa
y Einstein una mañana pasea por la playa
y Einstein por la playa una mañana pasea
y Einstein pasea una mañana por la playa
y una mañana Einstein pasea por la playa
y pasea Einstein una mañana por la playa
y por la playa Einstein pasea una mañana
y una mañana pasea Einstein por la playa
y por la playa una mañana pasea Einstein
con sus manos agarradas a la espalda,
paso a paso se deshacen pisadas en la arena

Los párpados de luna
con esas pupilas infinitas discípulas del universo mundo
y la mañana
en el vaivén regresan, avanzan en espiral
—como quanta amorosa—
de dendritas perfectas

Vivir y morir cada mañana
salir a correr a darle calor al aire frío
que nos espera ansioso
Una señora vaca recelosa
sigue nuestros pasos al pie duna ventana
y el Einstein dentro de nosotros camina
con sus párpados de luna buscando paz al mundo
y el Martí en nosotros camina

con su frente afilada en lo concreto del infinito y viceversa
y el Ernesto de nosotros abraza los hermanos
y hermanas en un apretón vallejiano,
como Violeta Parra en Machu Picchu
o *Aclaración Total* de mi Lezama.

Los párpados de luna almendrados al sol
se bañan en la playa.
Espumas y aerolitos acarícianlo.

Isaac y Alberto

Hasta el 1900 aproximadamente el gran reloj
del cielo era indiferente
y caminaba seco y serio, frío al regodeo humano,
al chachareo de esquinas, al besar sepulcros de las monjas.
Podría haberse dicho que la eternidad ya había ocurrido
dentro deste maquinar determinista   coco de Newton.
Dos siglos atrás Isaac completó la transición
nacida en Galileo: saltó del medioevo a la clásica física:
reloj de gatos inmensos: una noche de gansos misteriosos
puestos al sol de estar y ser   previstos por las leyes infinitas.
El universo fue infinito hasta que vino Alberto
: se transicionó al *teorizar* de radiación y quántica de átomos
Lo irónico fue que Alberto Einstein, quien cercenó las trompas
del señor Newton, rechazó el producto final de su hijo
quántico.
Él, que lideró la tribu de físicos y monos
                                        por canales de lucha
Él, que hizo florecer las bartolinas
Él, que abrió de par en par las puertas de tierra prometida
                          no pudo vislumbrar del todo su paisaje
Quizá porque   él   haya sido el último físico clasista.   y.
Él, con sus ojos de almendra y párpados de luna,
paseando por la playa sus manos en la espalda,
no pudo ver a Dios tirando dados.

La tribu alborotada entró a armar la nueva metáfora
del universo mundo   que ahora nos cabe en la cabeza.

Jose Luis Colon Santiago

ojos y rafael catalá

soy el pueblo
conjunto de miradas
mundo
dios
totalidad
resorte para encender rácata
torvo
azul
violeta
despertando obstinaciones
que se entierren
las cruces con los muertos
rezos
novenarios
que se lea
la biblia quinientas veces
el quijote
metamorfosis
cien años de soledad
¡oh! mi américa entera
bella afirmación
entre universos bellos
desde el caribe
hasta la china
quién da más
por un racimo de ojos
en este día
qué múcaro
se comprará espejuelos
qué conciencia
se tornará juiciosa
para adornar

cacúmenes con espuelas
hoy continuará
y aquí estamos
adorando
una hoja
un minuto
una tentación
de hacernos muchos

Estercolera

a los dientes de leche de
Arnaldo, Laura y Pupito

Guindan
persianas
de patios
piedras bautizadas.
Muertos pellizcados por tierra
echaron en la humildá
sinónimos de leche.

Tanto se amaron
que se le jendieron
las ganas
y exclamaron:
las cachas nos aprietan.

Entonces
apresurando el colmo
se atascaron el torno del tren
en el ombligo.
La mirada escarabajó
un suculento hemíptero:
un poco
para guillotinar huellas digitales
en los libros.
Molesta pero arrastran
la disolución desde el nacimiento.
Se revirtieron
y ahora los acusa
el susto.
La ahistoria del aceite
que comen
aún lo colectivo

Si viene al caso
al viandante

lo llenan de laureles
y se acarician la pachorra.

Qué manera
para pasar la lluvia
debajo de las casas
cateando
los conectores del cebo
inquiriendo
en la santa megalomanía.

El desierto
se nutre de saliva:
injerta arbustos
en un grano de arena.
El polvo de la disidencia
ha vuelto a colgar
hipocampos de su cuello.

Cómo desterrarse del miedo
si demuelen la inversa
antes de encontrarla
si hasta la cola del perro mortifica
si un juey frondoso en el recto
intenta comerse lo recién nacido.

Nada hay de compasivo
al embuste le nacen arcoiris
y a la rubeola
un ritual condescendiente.

A las tres de la tarde
en los callejones
se comen churros remojados
los gatos arañan el limo
de nuestras conversaciones estiradas
pasos y pasos
dando condolencias

por los aguaceros de las tardes
¡Agua! ¡Agua!
para reyunarle prepucios
a nuestro tuétano.

a robertoluis lugo

Quizás
ahora
no nos vemos los ojos
y nos miramos
para no abrirnos las vértebras.
Quizás
ahora
estarán haciendo
almohadas de tu pelo
o pelando un puerco
los amigos.
Ya no caminamos
rebanando codos
o colgando al viento
por las patas.
Nos hemos quedado solos
y nos amanecemos
tendiendo calzoncillos
en las narices.
Tanto para mí fueron
tus besos de palabras
tanto para ti fueron
mis caricias de metáforas.
Quizás ahora
no nos entendemos
y no hay problema:
sólo
un mundo de excreta
detrás de las memorias...
Pero quizás
terminemos escribiendo
poesía azul vestida de cancanes,

vaya preocupación
la de los toros,
pero aún
casqueteando cebollas
para que lloren
agujas de cristales
o freiremos tierra
para descuartizar la piel
a las estrellas;
y no digo
que si nos dejaran,
les abriríamos las piernas
a las abuelas,
para descubrir arcoiris
secos como el escalofrío
y rellenos de mascaduras de tabaco.

El lugar común no es la flota británica avalanchándose contra la poesía, para ponerla a suspirar como los barcos viejos de Silvia Rexach en el cementerio del olvido: tampoco es una enfermedad incurable de cuya influencia debemos inmunizarnos: mucho menos son las pantomimas de Tintán haciéndonos muecas desde la pantalla mexicana en la calva del Loco Valdés traspasada por el ecuador: y qué decir del gallo espuelérico de Luis Lloréns apuñalando versos de alta latitud inconmensurable: más bien podríamos decir que el lugar común en los poetas es un principio de dolores que va depurando el estilo propio hasta lograr ser lugar común su propio estilo: dominio del arte de escribir: que como en klemente soto beles es realizado con giros de redondez exquisita de rabo a cabo en su obra poética: o como el poeta Juan Manuel Rivera que en su poesía americana hace del lugar común una pistolita de forminante para jugar a Cisco Kid.

DAVID CUMBA

guerrilla spik

me duele la boca
de masticar inglés

entre monosílabos
instrumentales
se vascularizan
refranes hispanos:

terroristas sonoros
bombeando escaramuzas
de acento afrocaribeño

el gato
latiga el rabo
todo camuflagear
mota elástica
dientes garras espinas:
los ojos canicas
diafragmatizando raya
hipnosis de erotismo

pájaro náufrago

proyectos niños
me sirenaron faro
a la orilla del ahogo

a picotazos
regeneré pies
en costa de otros
cantos y plumajes

(este vuelo remendado
no teme al menos
las corrientes viejas)

playerurgia

al sol de otra tarde
con tensión oficiada—
incienso de salitre
vitrales de olas—
se maduran músculos
para danzar
un rastro
de pies fuertes
sobre la arena
(ofrenda a la marea)

cimarrón

mañana afuera
escapado
entre maleza mojada
en luz sin sol
trastrocar los pasos
botar gríngola y brida:
animal sacudido
de dueño
sudando estímulo

ANTONIO CURIS

Soy un ser peligroso

Con sólo veinte años
me consta que ya soy
un ser muy peligroso:

A mi madre le maté a dios,
A mi novia el ajuar de casamiento,
A mis suegros el sueño de su hija
                              acomodada,
A toda mi familia
el sueño de un doctor en la familia,

A mi maestra el himno
y algún que otro caudillo.

Y a mí mismo
me maté la planificación
de mí mismo.

Soy un ser peligroso,
Peligrosísimo.

paréntesis del alma

(el título refiere
a que no tengo
nada para decir
más que un dolor foráneo
en el cuadrado centro
de eso que llaman alma
y que se encuentra aquí
en el cuadrado centro
de mi cuerpo)

Esta tarde María está muriéndose

Esta tarde María no envolvió los insectos
en su nube de polvo taciturna,
esta tarde María no barrió la vereda
y juega la cigarra con el débil mosquito,
la araña araña su ilusión de pájaro,
el ciempiés no lleva
ni un sólo pie lisiado.

Esta tarde María está muriéndose
sin meterse en la vida de los invertebrados
y juegan todos a bailar la música
del viento verde, azul,
del viento viento.

El acorde funerario de la escoba
se quedó con María para siempre.

Ha de crecer el pasto en la vereda.

Vendrán hormigas desde lejos.

Y en su cajón de cementerio
reunidos todos los insectos
la beberán.

Penetrarte

Penetrar a tu cuerpo por los ojos,
deslizarme de a poco
de tu mundo exterior
hasta desaparecer en la frontera
de tu pupila azul, de tu pupila.
Recorrer los senderos de tu sangre
como si fuera un glóbulo.
Quisiera ser un glóbulo de luz
en tu sendero
para alumbrarte desde adentro,
desde todos los órganos,
hacerte transparente ¡si pudiera!
Toda de luz mujer, toda de luna,
para luego poder deshabitarte
¡y entonces sí mujer! ¡y entonces sí!
tocar tus senos luces, muslos luces
desde mi oscuridad o mi penumbra
¡y entonces sí mujer! ¡y entonces sí!
penetrar a tu cuerpo por tu cuerpo,
llenar de pieles, luces, músculos,
mis dedos de árbol mudo.

Estos últimos meses:

Me creció la barriga.
Estoy realmente triste
(Ya esto es una constante
Desde el año sesenta).
No quiero ver a nadie
Sin embargo me veo
Y aunque me doy vergüenza
No me doy bofetadas
Ni me pellizco mucho.
Siempre raspo el pasado
Con una escoba antigua
Que descansa en el closet.
Orino, hago café,
Defeco una tostada
Redonda y venturosa
Como un short-play de niños.
No hago más que estudiar
El entorno callado:
Los monstruos de Damián:
Vestidos de lagartos,
Monos autoadhesivos,
Extraterrestres tiernos.
Libros cerrados, sillas,
Un televisor negro.
Y cada tanto escribo
Con símbolos de harina
De la sopa que bebo
Que estoy enfermo enfermo enfermo en-
fermo enfermo enfermo enfermo enfermo
enfermo enfermo enfermo enfermo enfermo enfer-
mo enfermo enfermo enfermo enfermo enfermo en-
fermo enfermo enfermo enfermo enfermo enfermo

GLORIA GARCIA

Transito

transito
mis células
nacen
mueren
renacen
se tornan
frías quimeras
buscando
paisajes que se queden
recogida de besos
de corazones eternos
en un momento
salpica coqueto
el nuevo día
¿acaso se llega al punto?
mi compañero
eterno
de hoy
en tránsito

Me preguntan
si enarbolo en mi bolsillo
el futuro asegurado
con ahorros de a poquito
quitándole
aquí
allá
a ti
a usted
remendando para el mañana

Yo contesto
escuchen bien
con mi sonrisa
que es la única que tengo
y poseo hoy
para hoy
que soy siembra del mañana
hoy te doy
no te quito
no te resto

Me preguntan si sé
que la regla que utilizo
no me dará igual
a futuro asegurado
me indican
que la regla a seguir es:
lo que quito
te quito
le quito a usted
es igual:
a futuro asegurado

hecho
al compás de la resta

Yo contesto
que soy siembra del mañana
hoy te doy
no te quito
no te resto

El amor se llegó

el amor se llegó
una mañana caribeña
se esfumó una noche
unos dicen
que se fue pa'l norte
otros cuentan
que murió en la cordillera

Ahora

ahora cuando todo queda
cuando la mañana tiembla
y la tarde se acongoja
restaré importancia
al ser de afuera
me sentaré a llorarte
sin ojos
sin manos
sin piernas
me sentaré
a llorarte
de adentro hacia afuera
para derramar mi sangre
cultivar mi tierra

FREDDY GOMEZ CAJAPE

Lluvia

a las madres de la
Plaza de Mayo

La lluvia es una mujer
de trenzas largas
que desentierra sueños
en los matorrales del silencio

Solidarizándose gota a gota
con las madres de los desaparecidos
acarrea el peso de su Grito que se acerca
sobre las calles y los portales y sube,
y baja, y crece y seguirá creciendo
hasta que los gritos de las madres
resuenen en las esquinas y *todo*
volverá a ser nuestro sin miedo, ni amenazas.

Detrás del árbol, acurrucada
en el llanto de la tortuga
he retratado el hambre:
enjambre de desesperaciones
que se insinúan y revolotean
en llamaradas de silencio.

He cicatrizado escuadrones de hormigas
escamoteado polillas de asombro
y convertido cada pestaña tuya
en trincheras de justicia.

Aquel hombre que pasaba

Resulta que aquel hombre
buscaba la madre patria
¡y madre la patria no era!
Entre yesos y aceitunas
resbalaba su mirada
y en la madrugada
gavilanes y jazmines
deshojando cicatrices
murmuraban horizontes
salpicados en sudor y limón.

Resulta que aquel hombre
amordazando distancias
masticando firmamentos
de camisas proletarias
en su esperanza preñada
llevaba un sudario
de fusiles impacientes
capricorniados
a ligamentos ubicuos
diseminados en cementeras
de luciérnagas flotantes
meciéndose cual espigas
eternamente patria.

Memorias de una pierna que arrastraba caminos

Siguiendo las huellas
de mis circunstancias
me encontré con una pierna
que arrastraba caminos.
El camino era un hombre
que pasaba con su pierna
al hombro. Un camino—hombre
que tosía, bostezaba
y amasaba en su cenáculo
una hoz—oruga—hueso.
Aquel río—camino
destripándose en cavilaciones
arrastraba sudarios
diseminados en cementeras de insomnio.

Eran semanas, eran cicatrices
encharcadas en incierto ombligo
cuando nacareándose sobre el hombro
estornudaban río—hombre—pierna
y el camino palideciendo lombrices
hojeándose en su verde silencio
pestañeaba crepúsculos de hormigas
arteriando raíces en el infinito.

CARMELO ABRAHAM HERNANDEZ

En adelante ruegan los astros uñas
dentelladas que devoran la honra
puesta en cada bote de basura
esta vez propiedad de la ciudad.

STOP   vuelve entre tonadas incomprensibles
que detienen la angustia
en un sueño de fama   de imprescindible memoria.
La necesidad obliga alianzas truculentas
donde aliados y enemigos sin rostro operan
deteniendo elusivos regalos,
recrudeciendo lazos y cadenas que
nadie pretende llevar, sólo a ti.   STOP

Qué falta de verdad mejor nos detiene? STOP

Seguros o muertos al sarcasmo
atados de bocas y manos, entregados
al sexo como víctimas,
al sueño como pájaros
en el borde de lo terreno o lo muerto
en las ruinas de un poema
cayendo desesperadamente en nuestros actos. STOP

Voces y gestos perdidos
niños y voces gastadas.
El semen del aire te envuelve
en música de adiós, guirnalda
que pasa zumbando el vacío
o un pan de comunión en la muerte
despedaza el encanto de la ayuda
que nadie interesa prestar. STOP

(Soledad pensativa) STOP
primordial en el acto y el deseo

despedaza el amor de los sentidos
y sin hablar, entabla relaciones
donde corre y presume que es cierto
el camino impreciso y el alba
cuando ya no desea llegar a ningún lado.

es un preso quien arde en los rincones
un destino infecundo y prescindible
sin duda más humano, despide sangre y humo
fuego del corazón, muerte del cielo.

STOP   —"rogaba que fueran tus manos
          esperaba que nunca me dejaras
          por eso merecía morir."

paradoja

Bajo el techo que habitan palomas
toda palabra descansa en su defensa
negando lo que aclara, polemiza
la fama que acostumbra segar risa.
Si duerme y oye relaciones castas,
retumba con blasfemias inclementes.
Si agita y oye lujurias—soledades,
rompe con rabia en piadosa vía.
¿Qué puede aquel taller de manos sobrias
el cúmulo insensible de impiedades,
qué injusticia conocimiento niega?
A oscuras corre mientras esté fijo,
encontrar luego un movimiento claro
en soledad, no por lo solidario.

autocrítica

Aun mi deseo a deslizarse alcanza
si no está hecho al ritmo de pisadas
suaves librando hostiles impresiones
que en nada llenan el esfuerzo momentáneo.
Sangre que lava liberadas huellas
constantes ensanchando el horizonte
por ningún lado. ¿Adónde ve el desdén
entorpeciendo la razón de hermanos?
Aun reconozco el abrigo solo,
que torpe tiendo soberbio la mano
al que confunde y yo confundo más.
Lo que saluda en ausencia ayuda,
la tenebrosa correctura airosa
aleja y goza por su sepultura.

Cruising

Un látigo y azul de moretones,
sediento placer al mismo tiempo
pudren pócimas penosas y gritos,
cavilaciones y espantos, dulce sangre
que lenta y pesada se empoza
en el vértigo terminal del deseo.

La sonrisa parafrasea incoherencias
que deshacen el túnel del olvido
deshaciendo el silencio por ayuda,
aunque al principio viniste por ti solo.
Perdido entre razones imprecisas
el puño se cierne sobre ti
y la aurora cada vez más lejana
persigue el rastro de la sangre,
desbordada por los lados de la piedra,
entregada a tumbos sordos y espaciosos,
vuelta a hacer en caminos inconstantes.

Doble voz, doble ardor cuando te encuentran
en vómito y semillas malgastadas,
orinado cadáver, dientes fríos
que conocen el borde de la dicha
y no encuentran salida de la esfera.
Antropófago misterioso acaba
la sórdida canallada empresa,
algún gigante, un lobo del hastío
te acompaña por la noche de los astros
encendidos en lámparas de noche.

...que cual cadáver remoto o peregrino
dan las horas su baile de reproche
y más ligero perdido o encontrado
reclama que puntual des con tu acero

sobre la niebla líquida o el sueño,
pero la aurora voraz como un sabueso
en marcha desconoce los gitanos
y compra vende abre apartamentos
buscando pistas de tu muerte encuentra
dildoes, poppers
que estirándote el culo deshacían la muerte lenta
la soledad con hambre
de dicha irresoluble y asfixiada.
Buscan nacer suspiros y en el acto
la nieve explota sobre el vientre cada vez más
amarga, y de nuevo corazones apagados.

En búsqueda y dolor, conocimiento,
en soledad, en hambre de semillas
azotando la noche, basureros,
homeless, proscritos de la dicha.

Aquí sabemos que no sabremos nunca
quien arde en flores y reclamos
para atacar al rendido del falo
que adora y vierte baba cuando oficia
doblegando su honor que nada cuesta
como aquellos exhiben en vitrinas.

ORLANDO JOSE HERNANDEZ

Lugar de Encuentro

A los poetas de Casita María,
en un paraíso sin cielo y sin ángeles

Hemos llegado al mismo lugar
Desde todas partes
            Desde todas las provincias y departamentos
Mameyes
        Salinas
            Yabucoa
                Voladoras
                    Cuchilla
                            Trastalleres
                    Cerro Gordo
                    la 22 1/2
        Desde todos los prados y comarcas
                    Las Marías
            Korea
        Yauco
    Aceituna
Garrochales
Desde las ciudades más inverosímiles y las por fundarse

Han caído astronaves y cometas sobre nuestro cielo
Que no es el cielo de los dioses
Ni el de los que viven en el cielo de los dioses
                    Amor
                    Marine Tiger
                    Corazoncito
Sino más bien el suelo

Ustedes llegaron primero
                (En honor a la verdad)
                    Greda
                    Rodillas fundidas
                    Un mar ajeno o una muerte ufana
Ustedes llegaron primero

(Eso es cierto, hemos dicho)
Pero nosotros también llegamos con ustedes
(Ni más temprano ni más tarde)
Amor
Sangre
Barro húmedo
Cada cual con las uñas rajadas
Cada quien con los ojos partidos
Estamos juntos en el mismo sitio
Y todavía no nos damos cuenta
Amor
Santos de palo
En el hielo de los apartamentos del Lower East Side
Nos cobija el árbol más frondoso
La Palabra

Después habrá que regarla
Pólvora   Pimienta   Planta polvorosa
& putañera

pergamino sin nombre

a ustedes, a nosotros: fundadores

no son de acero, por cierto
    pero van quedando inamovibles
como espeques
    como piedras tatuadas
marcas / inscripciones
    & lo que va quedando
ese montón de alas
    esa estrella encendiéndose
encandilada
    este tónico para lamer lunes
o estrépitos
    es el paisaje maravillado
de la experiencia
    & de los signos que nos van signando
consignando / designando
    cual frisos rumorosos
en un mosaico de orden mágico

acá está juan, titulista
    félix, wilfredo, coqui: finos hiladores
roberto, josé luis
    sandra / buenos muchachos todos
arnaldo, franklin
    pobladores del planeta que comienza
vilma, rafael, loida
    en el sur del bronx
por supuesto
    aunque un poco peligrosos
& tercos
    como los enamorados (yo sé por qué lo digo)
este taller

                se ha ido haciendo

entre rato & rato
      un pergamino sin nombre
en el festín
      de los juegos que se van juntando
qué quedará?
      este decir / esta hermosura sudada
la muerte también
      aprenderá a juntarnos (yo sé por qué lo digo)

por lo pronto
      éstos son los buenos tiempos
      esta musiquita álgida
      esta sinrazón ubérrima
      este pan & vino a tientas
      esta locurita acompasada
      este pimentón con su maña
      esta yola lírica
      este yoyo poético
      esta extraña musa-araña
      estos son los buenos tiempos
      velocísimos / disímiles
      (lo digo ahora con nostalgia)

& a qué tanta cancamusa,
si el poema son ustedes?

VICTOR DE LEON HERNANDEZ

En el paraíso

Reinaban temperaturas altas.
Meteoros extranjeros
hacían surcos.
La lava se quería
apropiar del desierto.

Ondas ultravioladas
violaban el planeta.
Burbujas dilatadas
soltaban explosiones:
eructos buscadores
de la luz que se hizo.
Los compuestos comunes
optaron por rearreglo
en hileras distintas.
Aguas contaminadas
se fueron encharcando
en sopas suculentas.
Los compuestos orgánicos
fueron socializándose.
Despertó Adán
en una arquiobacteria
y de su gastroteca
salió Eva.

Asuntos resueltos

Cucarachas
se van apoderando
de todos los espacios
Ratas se biblian
en reproducción
Perros saquean
vecindarios muertos
Desechos no biodegradables
superpoblan
El niño raquitisea
con soldados de plomo
reconocidos
internacionalmente
La madre escucha
presidente por radio
quien lo resolverá todo
termonuclearmente

Rácata II

Me enhebraron el ojo
de cuentas de vidrio
en un collar de grupo individual

Inventaste imágenes
de búsqueda encontrada
en greñas enmetradas al viento

Retorció el pescuezo
en una autoterapia
dibujando poemas gerundiados

Engendramos horquetas
cosechando semillas
llenas de mutaciones

Ensartados en hilo salival
se van abriendo esfínteres
engranando alhajas

Cuerpos de a quintal y pico

Buscaba sextesencia
en cuerpo
de quintal y pico
Su pelo proteináceo despedía
aromas lípidos abrillantándolo
Mejilla sonriente
en existencia aparte
se dejaba besar
Casi me sacio
en labios dadivosos
hasta que nos dirigen
a cuello sensitivo
que se da por vencido
protuberancias me hacen niño
Vamos alimentándonos
hasta llegar
a la estación buscada
Después nos encontramos
otras esencias
en cuerpos de a quintal y pico

Petrificación imposibilitada

El mejor adaptado
es mastodonte
de época prosaica
Fósil viviente
nutriendo evolución

Superados en vivo
viven aquellos
que en chispas o chispitos
reaccionan a ambiente
antojado de cambio

Nada se queda igual
bajo pisadas
de huellas milenarias
que todo lo espachurran

Rearreglo el arreglo
de mi evolución propia
diciendo a pasitos
lo que gritan mis sesos

ROBERTOLUIS LUGO

> *No hay nada que ande sobre la tierra que no pueda*
> *ser atrapado.* —*Proverbio Kikiyu, Kenya*

carmen: los saltos se brincan o nos qedamos gindando.

cantarle una nana a la soledad para asercarnos al trémulo nirbana de nuestro uniberso. para cortarle el ombligo desbariar al intelecto. para ellacular el amor qe nos desama i abrirnos a lo desconosido.

la soledad comiensa a cantar.

llo proclamo mi compañía con los qe urgan el *om* en busca de su autorrealisasión. con los qe se niegan a autosubllugarse con la obediensia. con los qe atestiguan con sus pies el modo trallectoral de su existensia. llo soi un estado transisional donde la bida se alimenta con el nácar de la madurés para analepticar la rebibissensia de su contradicsión. llo soi un proseso purificador qe ondamente penetra su grito mitosal en la matris de la consiensia. no soi ajena a nadie. estoi en cada mobimiento neuronal del pensamiento. en cada bibrasión dialectal del lenguaje. en cada orgasmo selular qe pronunsia su llegada al mundo. en cada ojo qe duda de su propia bisión. llo soi la soledad qe canta su cansión cósmica repleta de soledades. sólo me resta dejarle a los poetas mi soledad. i qe ellos ablen.

ai juebes

noto
qe a la
bentana
le lluebe
la tarde
qe a la
tarde
se le
manchó
de gris
el sol
corro
a tocarle
el tímpano
a los ojos
a ber
si ollen
lo qe
tiembla
en mi
boca

pero no
ai juebes
en qe
la tarde
rebuelca
su ondo
sexo
con el
sielo
en qe
la tarde

baila
bomba
con una
mata
de picapica
en qe
a la tarde
le cresen
amasonas
en la
frente
pero sí
ai juebes
en qe
a los
juebes
se le
pudren
semanas
i
meses
en el
pecho
en qe
los juebes
terremotan
la soledad
juebes
en qe
la muerte
asesina
a la
muerte
para dejar
qe el

amor
se desprenda
del amor

noto
qe a la
bentana
le lluebe
la tarde
qe a la
tarde
se le
manchó
de gris
el sol
qe al
sol
se duelen
las ingles
i
se pone
paños
de aguarrás
en la
memoria

a todas mis ermanas i ermanos
del taller rácata qe insurjen
más—turban la poesía

la espera
espera
a qe
mutilen
la primera
palabra
qe se
arrime
a la
puerta
a qe
suelten
el primer
dialectaso
contra
la academia
de balores
inculcados
a qe
algún
lugar
común
proclame
un lugar
no común
a qe
la economía
de palabras
rebalore
su economía

la espera
espera
amablemente
con su
gabán
de medianoche
con su
chalina
color
bioleta
con cataratas
de trensas
en los
dedos
con bampiros
mulatos
en la
lengua
con la
mejunje
despoblada
de sandeses
lista
a ellacular
grosellas

para creser cresiendo

La poesía es un mundo de diversidades unidas, en otras palabras, es un uni-verso. —Hugo Margenat

el poeta debe ser un berdadero sientífico de la palabra. un físico qe exume la capasidad cuántica del berbo. un biólogo qe ausculte la ermosura nuclear de la sélula. un antropólogo qe recoja a besos el orden formatibo de la consiensia.

el poeta debe dellectar a la palabra i al lenguaje asta qe su esensia creadora le inche las benas al alma.

el poeta debe inqirir la poesía. sacarla de la multitud. arrancarle el ojo adormesedor a la inspirasión para dejar qe la poesía lusca su sentelleo de tocar güiro con metáforas. a la inspirasión ai qe urgarle el bientre. desamarrarle las trompas para qe su óbulo se nutra del semen estelar de la teoría.

el poeta debe ser como la poesía es.

la poesía es como mi roñoso amigo juan rivera. qien reafirma su condisión de ser impuro. qien con su furia bejetal busca el ojo con dedos de tijera. qien es lampiño de la lengua desde qe nasió su fantasma.

o como mi amado ombre klemente qe le arrancó los cojones a su caballo para dárselos de antídoto a los qe insurjen la pas de mi pueblo latinoamericano.

o como mi enamorado illauó rivera qe en sus diesiséis besos de trueno le biró alrebés el intestino grueso a las prinsesas.

o como mi ondo ser josé luis qe le destapó la tumba a rafael hernández i le undió su presiosa por el ano.

o como la enerjía qe camina sobre toda la materia i la no materia del uniberso i se esconde en cada uno de nuestros poros.

la poesía es un turboóculo en un cantaso de constelasiones planetarias de donde dimana toda la bida i toda la muerte de la umanidad.

AIDA LUZ MARTINEZ

Regreso

Vuelve morfeo abdicar
        omite reivindicar
        mi extenuado coleto.
Repatriación de insomnio
        dilatadas motivazas
Retrocede la ansiedad
        Amo morfeo no calas
mi afligida humanidad,
        sólo mis camaradas,
la noche, soledad,
        conmigo se arbolearán

Carmen María

Rosas rojas, blancas
flores múltiples colores,
cenizas se convirtió.
Busco su espíritu
llega el silencio
Canciones poemas
en cenizas
el tiempo convertí.

LUIS PRINCIPE

El cometa

al científico

Como un fantasma, aparece de repente
Por la cóncava inmensidad del infinito,
Y va dejando su cola refulgente
Una estela de luz, por todo sitio.

Desde el punto sideral que se destella
En brindar sus fulgores se complace,
Puede ser él, el final de alguna estrella,
Un astro en formación, o un sol que nace.

Su misión es rondar, es un cometa
Y su contínuo volar no tiene meta
En la eterna morada del Pegaso.

Como él también, el genio viene
Y después de la lucha que sostiene,
Nos da su luz... Y se va de paso.

Nueva York
Verano de 1933.

Latente

El flagelo que azotó la epidermis,
El azote que se hundió en las espaldas,
El latigazo cobarde e impío
De la mano asquerosa y canalla,
Que hizo surco en la piel del esclavo
Y abrió herida que aún late y que sangra,
Que abrió herida que aún sigue abierta
A pesar de los años que pasan,
La llevamos sangrando los nietos
No la olvida jamás, nuestra raza.

CARMEN RIVERA

Manos ruedan llorando
al pie del flamboyán,
ojos arrastran lagartijos.
Orejas colgando guineas
de picos espantados.
Pepa de tamarindo y
jobos urtican el paladar.
Pomarrosas perforando
el ambiente
de mi salón de clases.

Conmemorando
a Cristo resucitado
en la masacre del Líbano
y evocando en el Salvador
el jardín de almas florecidas.

Transitando humanidades
cegadas por el dolor presente
de líos
al pueblo esclavizado.

Conmemorando
los ojos de la niña del Caribe,
despertando
en la historia de Lares
vaciando
en mi interior
su cautiverio.

Llego hasta aquí
con el desafío en mi interior
¿qué hay dentro?
cascada de agua clara,
corrientes eléctricas.
Algo llega a la mente:
la inspiración.

semillas
en latas
plantitas
chupando
en tierra
frutos libertinos
explosión
de semillas y semillas

Dios en ti
en mi, en la nada.
Dios lo eterno,
lo impreciso.
Dios en la montaña
luna, sol, mar.
Dios todo.

Dios llanto
petrificado en imágenes
hecho madera,
mármol, hasta oro.
Dios idiolizado
llevado en la cartera
cuello y sortija.
(Que cuando vas
al baño te lo
pasas por el culo)

Dios alegría
bailando en las discotecas
fumando mariguana
bebiendo en las esquinas.

Dios esclavo
diezmo cada mes
rezar diez padrenuestros
perdona los pecados
castiga tus malas acciones.
Esclavo Dios
"si no lo hago
moriré penando"

Dios limitado

encogido, humillado
tecato;
Dios tú...
Dios yo...
Dios nada.

FELIX RIVERA

1er poema grueso

36 de
cintura,
¿y qué?

2do poema grueso

Comerte el techo de
boca.
Ya estoy harto
de cielos.
Otra virtud
se te ofrece.

La conciencia
come, —y como
diamante mal—
dito de
quinta avenida—
deglute.

Desnudo tú
con la virtud
ingerido
de nosotros
soles.

3er poema grueso

O.

BOLA DE FUEGO (o bolero "Besos de Fuego")

BOLA DE FUEGO, preguntaba una amiga,
de piedras, ¿destrucción? Sí. Ruído
—decía— qué bonito, qué profundo,
qué yin qué yan a la velocidad de un polvo.
Lava, conchas, frituras —llama de azul vivita—,
sobre la manteca ya no te quiero —semanas más tarde—,
BOLA DE FUEGO huía, BOLA DE FUEGO huía, lejos,
lejos.

Así, la experiencia. Poesía por amor de hombres,
sin miedos ni artificios, libres y sin pujilatos,
serenos como buñuelos o almojábanas,
si se quiere ser mas explícito. En estos días de mayo,
tan cabronamente contemporáneos, BOLA DE FUEGO
                                   arde ondas de zinc
El cielo abrasa, peste, lava y ciudad. mangle.
Lagos, nitrógeno compacto. Martín Peña, cerdume en
llamas.
            Gueto rayos de orín.
BOLA DE FUEGO mostrenca dama fiel, seda del cuerpo,
al polvo rubia y grifa.

—Era de suponerse— ese mismo día, BOLA DE FUEGO al
                                   carajo,
BOLA DE FUEGO a la porra, ¡al carajo!
Soldada experiencia ésta, cacica del cosmos —decíamos—
que bonita luna roja, isla norte de lenguas o rábiase,
y en años luz, despacita.
                    Que
en la vida sólo tú y este amor nuestro, combustible de hoy.
—No hay ayeres—, nacarile de amor, BOLA DE FUEGO.

JUAN MANUEL RIVERA

Oficio de escribiente

te he buscado voraz por agujeros hondos
con una linternita en cada pelo
del bigote

como el mármol
rotundas bibliotecas
he reducido a polvo

husmeadora mi voz   mi tinta blanca
estornudo con alas de papiro

a tus párpados llego con insomnes guitarras
te presento la luna en bandejas dormida

te atrapo con mis redes pero fíngete agua
con mis uñas te atrapo pero de viento eres

te persigo con lupas como cáncoras
te disparo con hondas de grafito

con la antorcha del sueño te penumbro
con la goma del lápiz y sin mirar atrás

escribo-escribo-escribo

Hondo tú viejo niño que cruzas culebreando por
mi pecho como una antigua cicatriz recién nacida

Para lano rivera   amigo-amigo

de la sonrisa de nanán hijo legítimo
de un mar como una gota de sudor
el primogénito

cuando sopla en el ojo furioso
la sangre de los bueyes
rieles tus piernas
tu corazón barraca

ancha dita la palma de tu mano

con una bolsa de papel color vainilla
en grano das el sol al griterío
que al caer de las ramas
luz y plumas serán si fueron sombras

la noche por delante   por detrás
el cabo de la lima en el bolsillo
del machete invisible
la aurora va naciendo como un filo

cuando diviso tu camisa de sal
perderse envuelta en copos de neblina
me trepo al último palito del corral
de la puerta del rancho
y desde allí te sigo viendo grande
todavía

Yo también le escribo poemas a la luna

sartén de cinco puntas
la noche frita a besos
nuestra casa una nube
el balcón en el cielo
un palo de aguacate
      floreado de luceros
sobre un techo azabache
      la luna ultravioleta
en mi pecho un rosa
y en la nuca una espina

luz granate sus lámparas

un tizón su recuerdo

Amores y cicutas

hay días así
cárceles en que amanece amargo el cundiamor
puñales que a la espalda te señalan vidriosa
la ruta de la hormiga

tardes en que se quiere ser
ciudadano de nada

Es Bobby Sands que enamorado pasa

cuéntanos   terrorista
a nosotros que nos dan a sorber
como a ti
sopas de víboras
el pecho éste que llevamos
como un mapa recorrido de rieles
puntado por agujas
que tercamente juntan
los labios de una herida que no cierra
cuéntanos   decíamos
contra cuántos improperios periodísticos
contra cuántas infracciones
al color de las rosas
se levantan los meses de tu IRA

bobby sands para siempre árbol mordido
por un hacha de fuego o
simplemente añil
pirámide de tierra
poco
    a
     poco
ese ir   gra no a gra no derritiéndote
como un cigarro azul con la punta rosada

barrotes no toleran tus hormigas
tu huelga de palomas que son ráfagas
en bandadas la flor de tus cenizas

por tu gaita y tu trébol
la candela más alta de un flamboyán
te damos
asesino del candoroso imperio
poeta que acarreas un país

en el minutero
de tus nerviosos artefactos

no temas bobby sands semillero
para siempre de oxígeno
si te dicen que
detrás de esas cortinas hay puñales que tiemblan:
ya han abierto sus pétalos
los paraguas de irlanda

nadie puede matarte clarinero del polen
pasajero que viajas por el aire
acostado en un coche violeta

VIRGINIA RIVERA

Evolucionando aquí

He tocado a la puerta del camino.
Óculos y antenas cual cámaras de tiempo
Apremian el enfoque al punto vertical.
    Borbotoneo de frases.
    Bloque de pensamientos
    Encasillados díceres
    De héroes embalsamados.

    Sinfín de chispazos
    Rompen la telaraña
    De cuadros paralelos.
    Detrás de ese tejido
    En hilos polvorientos
    Yacen tomos cerrados
    Con células activas
    Y cerrojo entreabierto.

Taponada

Cristal líquido
gateando cuestas cilíndricas.

Lavativa antibiótica.

Futuro-limón

Orillas de ceros almidonando
borra procesada.

Éter

Oxígeno de recién nacido.

Entrega

Punto lejano reventando de fresas,
provocan remolinos.
Cisterna revuelta
Brújula pirueteando
castillos en el aire.
Gemido de paloma en celo.

Cesada la tormenta,
Agua de aljibe
vuelve a su casa hueca.
Sapos a sus cunetas.
Almas en vuelo espacial
Materia arerrizada.

CARLOS RODRIGUEZ

Jarcha #1

¡Amado terrorista!
Los mis mariposeos
por los mercados
¿a dónde irán?
¿Dó sobre tantas cosas
las palabras?
¿A dó las cosas?

Si un neón *Paraíso*
en sus ojos guiñaba
no era motel, ya veo.

¡Amado tiene cosas!
Mas no como las mías,
desechables, de Sears

Él, tan nítido.
Ese *No* de explosiones

Tan bueno   (Tan buen amante)
que se me prometía

Jarcha #2

En sus manos fusil.
Y yo que me esperaba
ramitos de violetas.

Mariposita,
no sé donde posar.

Me hice la perdidiza
y me encuentro que sí.

Trae un mar de peligros
en sus ojos. La voz,
ejército de ariones,
tropeliza caribes.

¡Me azora!

Jarcha #3

A la guerrilla va
y yo como si nada.

¿No queda sangre? ¿Soy
hormiga sin antenas?

A la guerrilla va
todo un Amante;
y yo como si nada
no.

Jarcha #4

Amante habló.
Pobló montañas.
Niños, mujeres, hombres.
Todos caminos, talas, luceros.
Fuego, preguntas, pan
para sembrar respuestas
y niñez. Todos amantes:
el árbol se conoce por el fruto.

Amante habló. Temblé.

Jarcha #5

Amante trae
toda una revolución
a la vista.

Nunca le vi al Amor
cara de Vejigante
de cemí airado
de Yunque loco
cara de todos.

Amante trae
ojos cargados
manos dispuestas
zapatillas de fango
contra distancias
horno en la voz
para sembrar pan de trincheras
y paciencia.

SANDRA RODRIGUEZ

La mujer que quiero
tiene labios morados
de desandar noches
lamiendo mañanas
de guanábanas.
Azúcar cruda piel
de mi vientre,
revienta la metáfora briosa
de un pie refraseando
cada silencio caribeño.
.Lola, Haydée, Ana.
Toda y todas
las que quiero parir de luces,
dejaron ayer sus zapatos
en mi puerta.

De Paso

Este mayo
    dejaré las ventanas abiertas
    para que el ruido de la calle
    no acelere el mutis de un celaje.
Cruzaré
    los detalles de la ausencia
    arañando ese espacio
    que compartimos poco a poco.
Vestiré
    la monotonía
    de rojo intenso
    y música electrónica.
Colgaré
    las vivencias en las paredes
    enredando horas
    en espejos arrugados.
Me acostumbraré
    una vez más
    a dormir sola.
Y cuando mayo llegue
    mi sonrisa subirá los escalones
    de dos en dos
    con los pies mojados
    y las voces llenas
    para entretenerme
    como siempre
    en mi nuevo espacio.

Me gusta mi cara
lavada de mañanas
los ojos cerrados
de mi pelo.
Yo misma creciéndome por dentro
y enredándome
en mi propia existencia.
Destapando cajas de Pandora
con el trampolín
de mis labios,
destotemizando tiempos
con la honda de mi pluma.
Me gusta mi piel atardeciendo
en la canela de tu sonrisa.
Me gusta amarme y amarte así,
caminando, destruyendo,
construyendo voces
con emblemas y murallas.
Izando la bandera de este amor
en los volcanes huídos
de nuestros cuerpos.

Censura

Un cañonazo
despeina el ósculo invertebrado
del silencio.
Idea ventrílocua
que se enerva en el origen
quebrando la boca
del llanto callejero.
Una carta.
Gofio de papel
donde lo justo sacro
pertenece al beso sin espalda
que se levanta
en orto
de lágrima transeúnte.

LUIS ROJAS

Tiempo y muerte

Un sesor cada día
donde el tiempo nos guía hacia la muerte
de polvo
Partimos cuando nacemos
a duras luchas compartimos
lentas calles de tiempo para amor.
Mañanas por montañas
rondando el mundo desconocido
naciendo, descansando
Al fin queda sombra sobre tiempo
envuelto para siempre, sepultado
de cien tormentas al estruendo:
queda soga en la juventud universal,
átomo de honor, también
la eternidad desciende de ilustre obra
de irrisión del polvo
de la tierra   que nosotros somos.

Niña enamorada

En su mortal luz te envuelve
mi amiga solitaria muda muerte:
hembra de crepúsculo
inmarsesible.
Nube de sueños
manos como uvas,
pensamiento provinciano de romances,
largos besos nocturnos picotean.
Niña enamorada
que más da, nada es tuyo
la noche no te pertenece
tu alma es camino catastrófico de susto y alegría

Nombre olvidado

Voy andando en el tiempo de otro día   alma
sin nombre   nombre olvidado   te vi en un sueño
te he reconocido quizá porque tu frente
amanecía   hoy es ayer en este parque viejo
donde estás esperando la sombra
de un olor de lluvia: una niña ciega ante un espejo:
pero eres mía, y tan ajena,
de un modo confuso como el brillo
redondo de un anillo
Soy la ternura de aquel hombre
que quisiste, ya no importa. Ni el
tiempo se detiene andando no logro recordar
tu nombre.
Alguna vez la racha te nombra en el estanque,
el agua sonríe en su albergue
olor a lluvia, recuerdo un gesto
tuyo que detiene la fecha de un retrato,
casi como la nube anocheciendo
Eres como las noches de nieve de diciembre
Es tu nombre como los sueños de violín
de los gitanos
Amor cierro los ojos por no ver si se ha ido
la sombra de tus pasos, o tu nombre   si lo he olvidado:
será nombre olvidado.

ARNALDO SEPULVEDA

Teleología (sonsa) de un chupón

Exilado de su boca
mancebo tarde de la ingratitud
       oh mansedumbre relegada al paper towel
       oh gajos espléndidos en su precariedad
se le acerca bienoliente vencida
por la popa circunstancial   cruzo tus zumos
que se aferran al aire como a su Getsemaní
esta misma que asume tus tenues surcos amarillos
la sumisa modulación topográfica   siete ocho semillas
defecadas en saliva
sólo una   la mía boca
que te lambe y te engullo   te tiende en mi bilis
si tu cuna y sepultura es mi interior.

Poética del ocio

Quién
llevará de la ma-
de la dura luz
conjetura?
caso pulirá
que se echa al
entre las sílabas?
vigilia

qué si no me
no por este abismo cinemático
diaria hasta la
Quién en todo
este barroso prisma
cuello uno
Vanidad o
el ars poética?

Ojo por tuerto

Espejito, espejito,
tú que todo lo sabes
o adivinas:
¿estará del todo mal
la masacre
en defensa propia?
La de siempre, 40 horas
a 140 millones
listados entre embestidas,
justificará la nuestra,
ojo por tuerto
y diente por caja de dientes?

Di   á   logo   de taller

a y por Rácata

Lo ví lo deseado   desde la podredumbre
entallándose el ego empeñado en su claustro   allá
una llanura   húmeda hasta el galillo
especie de asiento sin respaldo
donde equívoca ofensiva volátilmente   cada uno
cantando la risa de aquél   se embargue de duda
esa hija de vecina huidiza y querendona
ojerosa de vigilia quitada vigilia puesta
contándose los dedos que no acaban.

JUAN TORRES

Flash back

Por aquellos tiempos
yo era grillo de estanque
que se creía heraldo del
Nuevo Orden
El universo era una isla
profetizada desde Europa
y esperaba esa Hora alborotado
Pasaron los años
pero el Orden no asomaba
como decían las predicciones
El Yo estaba prohibido
y cuando quise ser anónimo
salí interrogado a las calles
por bocas y ojos
que esperaban como fiscales
una respuesta dialéctica
o un juramento de clase
Ser iniciado
era deambular repitiendo
las obras escogidas
a los discípulos del progreso
El placer también estaba
            prohibido;
un cuerpo era materia en evolución
punto
Freud era un burgués
Darwin lo había dicho todo:
las Galápagos eran la suma de
todos los planetas
Y los Toltecas eran caníbales
No conocí los nombres de mis
            Dioses

Canción de madrugada
frente al mapa de América
—*A Mario Hernández Sánchez-Barba*
Historiador

Vengo a tocar
el Sándalo

        Vengo a bañarme
        en su aroma

a la sombra
del Nogal
Quiero nadar

        de Quito
        hasta el Atlántico

palpando cada
   chorro

        desde el Coca
        al Madeira
Quiero la tierra   de estas líneas
con mis horas tocar
Quiero palpar
el   trono

        donde Ocollo y
        Atahualpa fornicaron
        Quiero verme

Dorado incitador
en tus ramas de
   caminos

        deambular
        hasta el estrecho
        de los Arawacas
¡Mostrad las tumbas   de tus ritos
        a mi insomnio!

hasta que el día
   comience
cuando acabe   a vencer la vigilia
este   ocio
junto al mapa

        Libro Sagrado
        meditabundo

Querían vestirme de Cid
pero roí la armadura
y viajé de polizonte al reino de
                    los parias
casi por accidente
llegando a la poesía fatigado
por el moho de *todos* los pudores
sin ningún Rocinante desbocado
que condujese mi silueta despreciada

por negarme a ser mártir
under the grass
que se recuerda cada año
con un buquet de apologías
                    marchitadas

Es por eso que me niego
al buscar los orígenes
y no hago caso a los sabios
que hicieron de la historia
el más terrible de los engaños

Marea alta

El meridiano tropical
luce sus hierbas encantadas

se ven dos árboles siameses
caídos
bajo el volumen de un tornado

La confluencia en su negro espesor
augura tormentas y lubrica
y el marinero bravío da la vida
cuando dos grandes olas elípticas
lo absorben

El horizonte chapotea en sí mismo
              sus nudos

Cuatro Estrellas cambian de rumbo

La osa mayor sonríe destellos nacarados

Y el tenaz marinero— ya vencido—
se ha dormido agotado de vivir

MARIA VASQUEZ SOSA

Ronca el ruiseñor,
en su jaula dorada de orín y mierda,
soñando con libertad fantasma.
En desesperado vuelo, contra las rejas,
maltrata sus alas.

El ruiseñor escapa
sus encuchilladas alas,
rompen rejas de papel.
Remontando vuelos de gloria,
regresa a su jaula.

En cántico universal declara:
"Allá dentro el mundo sigue rumbo loco.
¡Cierren la puerta!
¡Destrullan la llave!
¡No hay libertad más real que la de mí
jaula llena de orín y mierda!
¡La libertad de adentro es fantasma!"

EJERCICIOS

Definición de la cebolla

Facsímil de la ciudad
cuyo vértice, orondo instigador de lágrimas,
yace en todas partes
por ningún lado.

Arnaldo Sepúlveda

La cebolla

manzana de cristal con antorcha de pelos
digo cebolla y digo delantal de mamá
cacerola de risas para llorar la fiesta
escobillita con que aldonza barre
vidrioso corazón de alonso el bueno

la cebolla no existe
(pegaron una mis fieros camaradas idealistas)
la cebolla es refajos y refajos
pantaletas cancán de mármol tierno
espina de cetí que en un banquete
ve coronadas sus ínfulas de reina

Juan Manuel Rivera

Cebolla

Membrana de crepúsculo
auspicias lluvia de caras
cuando te posas en reto
ante el filo.
Tonada en cuatro tiempos
tu cuerpo.
Ornando la sasón
del sancocho.
Vaciando el lleno
de la olla
que cantaba tu nana
a la luz del color
de tu piel.

Sandra Rodríguez

Química retroactiva
forma semi-circular
castigo de la cocina
lágrimas sin llorar
piel magnética y fina
célula cuadricular
alargada semilla
cinta de vegetal
quítala de mi vista
no me interesa mirar.

Haydée Avila

La cebolla

Tiene pelos raizados
a un extremo
de su forma ovalada
Al otro
pico
La componen
células cuadriculadas
que en capas finas
se arropan recogiendo
mosquiteros de sumo
en un clisé de lágrimas
Con ajo y con vinagre
se unen a la carne
a celebrar orgía
seduciendo narices
y eyaculando en bocas
satisfaciendo células
sabidoras de sacio
Me recuerda
que debía estar en casa
en vez de aquí

Víctor de León Hernández

chuculún
estos poetas qe escriben poesía
con un cuchillo i un formón

el sapato
no inspira
sí abre
una urgante
sensasión
cuántica
por lo
andado

el sapato
es
un alelí
monstruoso
qe aniqila
al tacto
con la
tierra
un algarrobo
exilado
en la
sombra
del camino
un gongolí
escupiendo
achote
por las
orejas

el sapato
no inspira
más aún
conspira
con su

```
                    boca
              de tiempo
                      i
                con su
                lengua
                biajera
                 latiga
                   a su
              cangrejo
                 de sol
              qe llora
            mariposas
                  taínas
                  a las
                  doce

                              robertoluis lugo



                Zapato


Hebillas de luz
taconeando hastíos
modificando caminos urticantes
entre comillas tu alma
vidrea    tibias y ligamentos
degustados en    cadencioso
crepitar ungüiculado.

                        Freddy Gómez Cajape
```

Un chupón de china y 6 pepitas

Desde las sobras, la semilla.
Desde los restos, el origen.

Desde el fin, el principio.

   Incesante.
   De nuevo.
   Porque sí.
   Siempre.

Vilma Bayrón Brunet

A la pañueleta

Un tántrico color
el que me luces al olerte
Un penetrante olor a loá
copulando una virgen negra

Si una tanga eres a veces
no bastará tenerte ante mis ojos
Quiero bajarte
y tener lo que escondes

Juan Torres

El taller que vendrá (duende feroz con maraca)

como una piedra con la inscripción de
ancianos juegos
—José Lezama Lima,
"Llamado del deseoso"

Todo taller que termina inaugura el *otro* taller. El continuo de la experiencia alimenta el continuo de la poesía. Quedan trazas, inscripciones, escrituras, marcas, rastros... Queda la amistad como cordial hechizo: semillosa comenzada. Queda la fidelidad al oficio: regresada de amores y desengaños, esta efervescente erótica del verso o comezón de la palabra. (Y en ocasiones es lo único que nos queda, o lo que nos potencia, o donde alojamos nuestra verdad. Y es también el satán que nos obliga a renovarnos y a estar con el mundo de modos insospechados y alucinantes.) Queda la vida, que es poesía de la mejor marca, y que seguiremos conociendo un poquitín más avezados. Queda el vértigo de *nuestra* escritura, virtual o realizada, y en ambos casos es el vértigo de nuestra insuficiencia, de nuestra incompletez, de lo que nos queda por hacer. Y si no queda ese vértigo, este taller no nos ha servido de nada, o de bastante menos de lo que nos hemos propuesto que sea.

Los cambios que han podido concretarse acaso se centren en dos áreas. Este recorrido ha querido ser problematizante; problemático, sin duda, pero sobre todo problematizante. Plantear, confrontar, acercarnos a unos problemas; discutir unos conceptos, situaciones, actitudes. La voluntad ha sido latinoamericanista, por urgencia de conocer nuestra cultura y no como *hobby*. Se ha ensayado además un rigor valioso, la crítica de dardo certero. Se ha hablado de coaligar ciencia y poesía. Se ha visto la necesidad de un diálogo entre las disciplinas.

La otra zona donde hemos querido que se dieran desplazamientos —o temblores— es en la formulación e interiorización de *una práctica* de producción poética. En este segundo taller ha habido bastante más ejercicio, más brega concreta, más producción a partir de una práctica consciente. Y eso nos satisface.

¿Qué más queda? Quedan todos los proyectos que comenzaremos a esbozar a partir de la enriquecedora experiencia acumulada este año. El año próximo vamos a consolidar todo lo que hemos organizado, con la posibilidad añadida de un colectivo de escritores. Ese colectivo podría ser un mecanismo que permita a los escritores discutir problemas y estrategias de publicación y que siente las bases para una evolución posterior, un instrumento que pueda facilitar el intercambio y recoger la iniciativa y la participación de quienes han estado en estos talleres, y también de quienes, por diversos motivos, no lo han podido hacer. Además está en remojo la propuesta de los seminarios de traducción que incluye editar estos juntes de forma bilingüe. Ese colectivo será de naturaleza amplia y es la próxima parada de esta guagua poética. Allí nos vemos. Después, ¿qué más?: ¿el boletín? ¿la revista? ¿el gremio? ¿la cooperativa-editorial? Éste es el tamaño de la magia que queremos, y en todas esas cosas vamos a estar juntos. Queda bastante, ¿no es cierto? Toda la poesía y todos los poemas. Lo suficiente para cerrarle la puerta a la nostalgia.

El Taller que vendrá es el que nos vamos a seguir inventando. El que comienza, hesicástico; el que termina empezando.

Para mí, para los compañeros de la junta, ha sido un verdadero privilegio, un regalo, un don, poder compartir esta experiencia con ustedes, con maraca, duendes *emellis* y toda la locura de este daimón que recorre el Sur del

Bronx.

¡Cuidado! Quedan las palabras.

Incandescentes, filosas: quedan las piedras...

Orlando José Hernández
Hostos Community College
23 de mayo de 1983

APENDICES

HAYDEE AVILA. Santurce, Puerto Rico. Reside en Nueva York desde 1960. Posee un Bachillerato en Ciencias y una Maestría en Educación de City University of New York. Ha publicado poesía en la revista *Upstairs*.

VILMA BAYRON BRUNET. Mayagüez, Puerto Rico. Ha publicado en las revistas literarias *Literaducto* y *Peliart* de Madrid; *Vocablos* de Valencia; en una pareja de antologías españolas, y en *Esta urticante pasión de la pimienta*, del taller Rácata I. Además es autora del poemario *Semblanza* y será la coordinadora de la Junta del Taller Rácata, 1983-84.

TERESA BLANCART KUBBER. San José de Chiquitos, Bolivia. Enseñó en su país literatura y lenguas e incursionó en el periodismo y la radio. Su poesía fue publicada en *Esta urticante pasión de la pimienta* del Taller Rácata I.

RAFAEL CATALA. Poeta y ensayista cubano. Ha publicado poesía y ensayística en revistas y periódicos de América Latina, Europa, Canadá y Estados Unidos. Poemarios publicados, entre otros, *Círculo cuadrado* (1974), *Ojo sencillo/Triqui-traque* (1975) *Copulantes* (1981), *Escobas de millo* (1983). Su poesía fue publicada en el junte de Rácata I *Esta urticante pasión de la pimienta*, y fue el director del taller Rácata II. Es profesor de literatura y lenguas en Seton Hall University.

JOSE LUIS COLON SANTIAGO. Cidra, Puerto Rico. Integrante destacado de las luchas colectivas del Colegio Eugenio María de Hostos. Co-editor de la revista literaria *En secreto*. Editor de la sección literaria del periódico estudiantil *Ecos de Hostos* (1975-77). Participante del taller de poesía y narrativa dirigido por Isaac Goldemberg (1981). Fue antologado en *Esta urticante pasión de la pimienta* del taller Rácata I, y en *Poesía Universitaria* (Ediciones Mairena, Puerto Rico, 1983).

DAVID CUMBA. Cayey, Puerto Rico. Bachillerato General de Humanidades en la Universidad de Puerto Rico, Río Piedras. Participó en el taller de narrativa dirigido por René Marqués, en la Universidad de Puerto Rico en 1970.

ANTONIO CURIS. Montevideo, Uruguay. Su poesía ha sido publicada por periódicos y revistas de España y Estados Unidos. Sus artículos literarios son publicados con regularidad en los periódicos hispanos del norte de Nueva Jersey.

GLORIA GARCIA. Puertorriqueña. Es graduada de la Universidad de Puerto Rico. Esta es su primera publicación.

FREDDY GOMEZ CAJAPE. Educador y poeta ecuatoriano. Ha publicado en la revista *Street Cries* y en *El Diario-La Prensa*. Ha sido antologado en *Perspectivas* del Taller de Poesía del Manhattan Community College. Obtuvo la Medalla de Plata en los Juegos Florales auspiciados por el Ateneo Puertorriqueño de Nueva York y el Taller Literario de City College of New York (1977 y 1978). Posee una Maestría en Literatura Hispanoamericana de City College of New York.

CARMELO ABRAHAM HERNANDEZ. Ponce, Puerto Rico. Cursa estudios en City College of New York. Ha publicado poesía en la revista *Contornos*, en publicaciones del Taller de Creación Literaria de la Universidad de Puerto Rico, y en el periódico *Impacto*. Fue antologado en *Esta urticante pasión de la pimienta* del Taller Literario Rácata I. Actualmente se encuentra preparando su primer poemario.

ORLANDO JOSE HERNANDEZ. Poeta y traductor puertorriqueño. Es profesor de literatura y lenguas en el Colegio Eugenio María de Hostos. Ha publicado poesía y ensayo en diferentes revistas de Estados Unidos, España y Latinoamérica. Coordinador del Taller Literario Rácata 1982-83.

VICTOR DE LEON HERNANDEZ. Biólogo y poeta puetorriqueño. Especialista en biología celular y profesor del Colegio Eugenio María de Hostos. Además, es Investigador Asociado en la Escuela de Medicina de Cornell University, y posee un doctorado en biología celular de esta Universidad. Fue miembro del Taller de poesía y narrativa que dirigió Isaac Goldemberg (1981). Su lista de publicaciones científicas es extensa y su producción literaria ha sido publicada en la *Revista Chicano-Riqueña*.

ROBERTOLUIS LUGO. Poeta y cantante puertorriqueño. Trabajó con el periódico estudiantil *Universidad Libre* (1976-77). Fue director del periódico *Ecos de Hostos* (1977-78). Co-editor de la revista literaria *En Secreto*. Trabajó arduamente por la supervivencia del Colegio Eugenio María de Hostos. Fue miembro del Taller de poesía y narrativa que dirigió Isaac Goldemberg en 1981. Su poesía ha sido publicada en el junte de Rácata I, *Esta urticante pasión de la pimienta*,y en *Poesía universitaria 1982-83* (Puerto Rico: Ediciones Mairena).

AIDA LUZ MARTINEZ ROSARIO. Guaynabo, Puerto Rico. Es graduada de la Universidad de Puerto Rico. Esta es su primera publicación.

LUIS PRINCIPE. Ex-líder de trabajadores en Nueva York y poeta puertorriqueño. Reside en Nueva York.

CARMEN RIVERA. Puertorriqueña. Estudiante del Colegio Eugenio María de Hostos. Esta es su primera publicación.

FELIX RIVERA. Poeta y traductor puertorriqueño. Participó en el taller que dirigió Isaac Goldemberg. Fue antologado en *Esta urticante pasión de la pimienta*. Prepara actualmente su primer libro, *Muerte para princesas*.

JUAN MANUEL RIVERA. Barceloneta, Puerto Rico. Poeta y prosista. Es profesor de literatura y lenguas del Colegio Eugenio María de Hostos. Su poesía ha sido publicada en antologías como *El Taller con Nicanor Parra* y en revistas de Estados Unidos y Puerto Rico.

VIRGINIA RIVERA. Puertorriqueña. Reside en Nueva York. Esta es su primera publicación.

CARLOS ANTONIO RODRIGUEZ. Naranjito, Puerto Rico. Poeta y crítico. Es profesor de literatura y lenguas de Seton Hall University. Ha publicado un libro de poesía, *Matacán* (1982). Su poesía ha sido publicada en revistas de EE.UU. y Puerto Rico. Fue antologado en *Esta urticante pasión de la pimienta*.

SANDRA RODRIGUEZ. Yabucoa, Puerto Rico. Poeta, actriz y cantante. Oficial de Relaciones Públicas de Pregones, colectivo teatral puertorriqueño de Nueva York. Su poesía ha sido publicada en *Esta urticante pasión de la pimienta* y en *Poesía Universitaria 1982-83* (P.R.: Ediciones Mairena).

LUIS ROJAS. Tehuitzingo, Puebla, México. En México estudió técnica industrial. En Nueva York fue estudiante de arte dramático de la Motion Pictures School of Drama. Esta es la primera vez que publica.

ARNALDO SEPULVEDA. San Juan, Puerto Rico. Ha publicado poesía, prosa y traducción en revistas y periódicos de Puerto Rico, EE.UU. y España. Fue antologado en *Esta urticante pasión de la pimienta* del Taller Rácata I.

JUAN TORRES. Poeta, cuentista y traductor dominicano. Medalla de Plata en los Juegos Florales auspiciados por el Ateneo Puertorriqueño y C.C.N.Y. (1981 y 1982). Ha publicado en *Isla Abierta* y *Expresión Latina*. Fue antologado en *Esta urticante pasión de la pimienta*. Su poemario *El deseo y la realidad* se publicó recientemente.

MARIA VAZQUEZ SOSA. Ciales, Puerto Rico. Estudia Administración Pública en el Colegio Eugenio María de Hostos. Esta es su primera publicación.

APENDICE:
LA MUJER LATINOAMERICANA EN SU LITERATURA

5 de mayo de 1983

9:30-10:00 Matrícula y desayuno

10:00-1:00 SIMPOSIO

Margarita Fernández-Olmo   Brooklyn College
*Hispanic Women Writers: Where we've been
and where we are today*

Georgina Sabat-Rivers   SUNY at Stony Brook
Sor Juana: Afirmación frente a su tiempo

Rafael Catalá   Director del Taller Rácata
Para una lectura americana de Sor Juana Inés

Gloria Waldman   York College of CUNY
Women Writers from the Caribbean

Carmen L. Marín   Hostos Community College
Darío, Gallegos, González: Tres autores y la mujer

Vilma Bayrón-Brunet   New York University
Moderadora

2:30-5:30 ENCUENTRO DE MUJERES ESCRITORAS

María Mar   Fordham University
Instinto del Angel: "Zapatos rosas y un niño
azul como papá".   Poesía

Sandra María Esteves   Galería Moriviví
Tropical Rain: A bilingual downpour.   Poesía

Mirna Nieves-Colón   Boricua College
Maremoto, La sirena, Mi tía.   Cuentos

Hilda Mundo-López   New York University
Voice   Poesía

Lisa Fiol Matta   Hostos Community College
Poesía

Vilma Bayrón-Brunet   New York University
Moderadora

7:00-10:00 CINE

Félix Rivera   Hostos Community College
Muerte para princesas   Cuento

James V. Romano   Columbia University
Introducción a *El retrato de Teresa*
El Retrato de Teresa   Película cubana

Coordinadora del simposio: Loida Rodríguez Ledesma

El propósito de este taller literario ha sido múltiple: la crítica constructiva de textos poéticos, compartir acercamientos teóricos respecto de la escritura, y el crecer a la poesía desde otros campos del saber.

De estos dos primeros vectores todos conocemos algo. Esto es, en la crítica de textos se evita el lugar común, se pone atención a la economía de palabras, se aguza el equilibrio entre proyecto y proyección de la intención poética, la tensión entre opuestos se centra para crear una imagen o metáfora efectiva, la ejecución de puntos de tensión —como arquitecto— colocados en puntos claves por todo el edificio —lector en mente— e instalar nuestra voz en su conciencia.

La inspiración a secas no funciona, se engrasa con teoría. Tomar conciencia de nuestra praxis poética genera teoría. Utilizar teorías de los compañeros que nos anteceden —Hostos o Martí, Fernández Retamar o Angel Rama, Góngora o Gracián, Alfonso Reyes o Pedro Mir, Salinas o Shklovski, Lotman o José Luis González— va preparando al poeta, al escritor, para digerir e integrar efectivamente la contribución de los compañeros y compañeras que echaron los cimientos. Así como permite que se genere teoría a partir de los aciertos, o errores, de algunos de ellos. La teoría, la creación y la ciencia son construcciones que no las crea un sólo hombre o una sóla mujer, sino que son el producto de añadiduras, o derrumbes, que cada uno de nosotros edifica. Esto es, son un producto individual-colectivo, y viceversa. Ahora, no nos engañemos con la ilusión óptica del individualismo a secas, pues creamos con las herramientas que nos proporcionó la colectividad —la que nos precedió y con la que convivimos—, y los productos de nuestro trabajo no sólo serán disfrutados por las generaciones con que convivimos, sino que podrán ser las herramientas que utilicen las generaciones que nos sobrevivan. De esta forma la inspiración se complementa con el pensamiento crítico, o viceversa, en una relación interdependiente y mutuamente beneficiosa.

El último aspecto, crecer a la poesía desde otros campos del saber, la labor interdisciplinaria, exige nuestra más intensa atención. Los adelantos en estos campos —por ejemplo, Chomsky en lingüística, Fernández Retamar y Darcy Ribeiro en la teoría de la cultura, Paulo Freire en pedagogía, Leopoldo Zea y Antonio Caso en filosofía, Alfvén y Klein en física y astronomía, Gustavo Gutiérrez en teología, y así sucesivamente en biología, antropología, ciencias de la información, y tantos otros— exigen que el poeta se nutra de estos campos, para poder barajar y mostrar una visión coherente de la cultura vigente a través de su trabajo creador. La poesía es un instrumento donde todos los elementos de la cultura se funden; unidos por la catálisis creadora, nos muestran una visión de nuestra cultura dentro del juego de una estética. La emoción o la inspiración son elementos de esta evolución, pero no dominan el proyecto. El intelecto, igualmente, es parte de este proyecto: es un instrumento muy preciso. El trabajo es un vector indispensable. Sin el estudio interdisciplinario profundo, nuestra visión y nuestro goce serán incompletos. Así ofreceremos al mundo una visión completa de nosotros mismos, porque nosotros —con todas las mujeres y hombres de nuestra sociedad— somos la cultura. La poesía o las ciencias surgen de la conciencia de la humanidad a través del hombre o la mujer que escribe, o que investiga. El intelecto, la emoción, el trabajo son instrumentos de la conciencia, a través de los cuales esta cultura que somos se expresa, toma conciencia de sí misma, y alcanza el disfrute y el gozo de su plenitud.

Rafael Catalá
Klemente Soto Beles

1. Circular los textos con una semana de anticipación para que los talleristas puedan estudiar los textos y hacerle una crítica concienzuda.

2. Poema *in situ*: escribir un poema en diez minutos sobre un objeto, tema o idea, sin previo aviso del mismo.

3. Examinar diferentes acercamientos a la poesía y/o práctica literaria:
a) Relación de la poesía con otras artes.
b) Relación de la poesía con las ciencias.
c) Relación de la poesía con otros géneros literarios.
En estos campos, explorar las posibilidades que estos campos del saber puedan brindar a nuestra práctica literaria.

4. Ejercitar la visión crítica desde, por ejemplo:
a) La economía de palabras. ¿Sobran palabras en el poema? ¿Hay exceso de modificadores? etcétera.
b) Lugares comunes o clisés. ¿Ya han utilizado otros poetas esas imágenes, conceptos, etc.? Entonces, ¿por qué trillar lo trillado?
c) El proyecto y la proyección del poema. Lo que el poema trata de comunicar, ¿lo logra efectivamente?

5. Ejercitar al tallerista para:
a) dirigir otros talleres.
b) promover la lectura interdisciplinaria.
c) relacionarse con la comunidad en que vive.
d) generar teoría poética, literaria, etc., a partir de las fuentes y pensadores de América.
e) practicar otros géneros literarios, como la narrativa, el ensayo, etc., y explorar cómo estos pueden ser utilizados en nuestra práctica poética.
f) explorar y crear una manera de divulgar— de acuerdo con las posibilidades del grupo— la producción del taller. El poeta o el escritor escribe para comunicarse.
g) hacer una biblioteca para el grupo. Si todos compran y contribuyen libros y revistas diferentes, las posibilidades de crecer se multiplican para todos.
h) explorar los medios de producción y distribución de libros, o de la creación de revistas y otros medios de difusión. (Una publicación puede contar con 5 ó 10 páginas, o puede contar con 100; puede estar encuadernada o precillada; puede ser reproducida a mano, a máquina, en máquinas de fotocopias, en mimeógrafos, o en imprenta. Todas son publicaciones y todas tienen el mismo propósito: comunicar algo.) Hay que tener en cuenta de que los medios de difusión

literarios no están separados del proceso creador: son una misma cosa. Hay que apropiarse de ellos o crearlos. No nos olvidemos que 'apropiarse de algo' no es tomar un edificio, sino comprender totalmente el proceso de producción de ese instrumento de comunicación. Si comprendemos el proceso de producción, estamos entonces aptos para publicar cuando se presente la oportunidad, o cuando la creemos nosotros mismos.

Acha, Juan. *Arte y sociedad: Latinoamérica- El sistema de producción.* México: Fondo de Cultura Económica, 1979. ISBN 968-16-0354-0.

Alcina, José. *Poesía Americana Precolombina.* Madrid: Editorial Prensa Española, 1968.

Alfvén, Hannes. *Atom, Man, and the Universe.* Trad. del sueco por J.M. Hoberman. San Francisco: W.H. Freeman & Co., 1969.

Aranda, Clara Eugenia, et al. *La mujer: explotación, lucha, liberación.* México: Editorial Nuestro Tiempo, 1976.

Arico, José (selección y prólogo). *Mariátegui y los orígenes del marxismo latinoamericano.* 2da edición corregida y aumentada. México: Cuadernos de Pasado y Presente (No.60), 1980. Distribuido por Siglo XXI Editores. ISBN 968-23-0267-6.

Arróm, José Juan. *Mitología y artes prehispánicas de las Antillas.* México: Siglo XXI, 1975.

Assadourian, Carlos S., et al. *Modos de producción en América Latina.* 3ra edición. Córdoba, Argentina: Cuadernos de Pasado y Presente (No.40), 1975. Distribuido por Siglo XXI Editores.

Academia de Ciencias de Cuba y Academia de Ciencias de la URSS. *Metodología del Conocimiento Científico.* México: Presencia Latinoamericana, S.A., 1981. Distribuido por Ediciones Vitral, Inc.

Baddley, G, et al. *Química moderna.* Madrid: Alianza Universidad, 1974.

Battle, Jorge y José Gumuzzio. *La química, ciencia de la materia y el cambio.* Barcelona: Salvat Editores, 1982. ISBN 84-345-7886-7.

Bendezú Aybar, Edmundo, Ed. *Literatura Quechua.* Caracas: Biblioteca Ayacucho, No.78, 1980. ISBN 84-660-0058-5

Benedetti, Mario, Alejo Carpentier, Julio Cortázar, et al. *Literatura y arte nuevo en Cuba.* Barcelona: Editorial Estela, 1971.

Betances, Ramón Emeterio. *Las Antillas para los antillanos.* San Juan, Puerto Rico: Insituto de Cultura Puertorriqueña, 1975.

Bolívar, Simón. *Doctrina del Libertador.* Prólogo de Augusto Mijares; compilación, notas y cronología de Manuel Pérez Vila. Caracas: Biblioteca Ayacucho, 1979.

Bosch, Juan. *Hostos el sembrador.* Río Piedras, Puerto Rico: Ediciones Huracán, 1976.

Bronowski, J. *The Ascent of Man*. Boston: Little, Brown and Co., 1973. ISBN 0-316-10930-4.

Brown, Robert McAfee. *Gustavo Gutiérrez: Makers of Contemporary Theology*. Atlanta, GA: John Know Press, 1980. ISBN 0-8042-0651-1.

Cadogan, L. y A. López-Austin. *La literatura de los guaraníes*. México: Editorial Joaquín Mortíz.

Calvin, William H. y George A. Ojemann. *Inside the Brain*. New York: Mentor, 1980.

Cañedo, Luis y Luis Estrada. *La ciencia en México*. México: Fondo de Cultura Económica, 1976.

Capra, Fritjof. *The Tao of Physics: An Exploration of the Parallels Between Modern Physics and Eastern Mysticism*. Colorado: Shambala Publications, 1975. ISBN 0-87773-078-4.

Caso, Alfonso. *El Pueblo del Sol*. México: Fondo de Cultura Económica, 1981.

Cassigoli, Armando. *Conocimiento, Sociedad e Ideología*. México: Asociación Nacional de Universidades e Institutos de Enseñanza Superior, 1976.

Castrejón Díez, Jaime. *La escuela del futuro*. México: Fondo de Cultura Económica, 1975.

Catalá, Rafael. "La cultura en la práctica de la libertad." *Ideologies and Literature*, 16: "Problemas para críticos sociohistóricos de la literatura: un estado de las artes" (Univ. de Minnesota, 1982).

----------. "La evolución del pensamiento en tres poetas del Caribe: Manuel Navarro Luna, Clemente Soto Vélez y Pedro Mir." *Literatures in Transition: The Many Voices of the Caribbean Area*. Actas de la Quinta Conferencia sobre la Literatura Latinoamericana, Montclair State College,marzo 1982. Maryland: Ediciones Hispamérica, 1982.

Chomsky, Noam. *Estructuras sintácticas*. México: Siglo XXI Editores.

----------. *El lenguage y el entendimiento*. Barcelona: Editorial Seix Barral, 1973.

----------. *Lingüística cartesiana*. Madrid: Editorial Gredos, 1972.

----------. *Problemas actuales en teoría lingüística. Temas teóricos de gramática generativa*. México: Siglo XXI Editores.

----------. *Sintáctica y semántica en la gramática generativa*. México: Siglo XXI Editores.

Chomsky, Noam y Edward S. Herman.*Washington y el facismo en el tercer mundo*. México: Siglo XXI Editores, 1981.

Crombie, A.C. *Medieval and Early Modern Science.* 2 volúmenes. Garden City, New York: Doubleday, 1959.

Depestre, René.*Por la revolución, por la poesía.* La Habana, Cuba: Instituto Cubano del Libro, 1969.

Dorfman, Ariel. *The Empire's Old Clothes: What The Lone Ranger, Babar, and Other Innocent Heroes Do to Our Minds.* New York: Pantheon Books, 1983.

Elgin, Suzette Haden. *What is Linguistics?.* Englewood Cliffs, New Jersey: Prentice-Hall, 1973. ISBN 0-13-952390-1.

Fanon, Frantz. *Los condenados de la tierra.* México: Fondo de Cultura Económica, 1971.

Fernández, Macedonio. *Museo de la novela de la Eterna.* Buenos Aires: Centro Editor de América Latina, 1967.

----------. *Teorías.* Buenos Aires: Ediciones Corregidor, 1974.

Fernández Moreno, César, Ed. *América Latina en su literatura.* México: Siglo XXI Editores y UNESCO, 1972. ISBN 92-3-301025-2

----------.*Introducción a la poesía.* México: Fondo de Cultura Económica, 1962.

Fernández Retamar, Roberto. *Calibán y otros ensayos.* La Habana: Editorial Arte y Literatura, 1979.

----------. *Introducción a José Martí.* La Habana: Casa de las Américas, 1978.

----------. *Para el perfil definitivo del hombre.* La Habana: Editorial Letras Cubanas, 1981.

----------. *Para una teoría de la literatura hispanoamericana.* México: Editorial Nuestro Tiempo.

Frankel, Edward. *DNA: El proceso de la vida.* México: Siglo XXI Editores, 1981. ISBN 968-23-0230-7.

Freire, Paulo. *La educación como práctica de la libertad.* México: Siglo XXI Editores, 1975.

----------. *¿Extensión o comunicación? La concientización en el medio rural.* México: Siglo XXI Editores.

----------. *Pedagogía del oprimido.* México: Siglo XXI Editores.

Fromm, Erich. *Marx y su concepto del hombre.* 8va impresión. México: Fondo de Cultura Económica, 1962. ISBN 968-16-0188-2

Frondizi, Risieri y Jorge J.E. Gracia, Eds.. *El hombre y los valores en la filosofía latinoamericana del siglo XX: Antología.* México: Fondo de Cultura Económica, 1974. ISBN 84-375-0010-9.

Galeano, Eduardo. *Las venas abiertas de América Latina*. 33 edición. México: Siglo XXI Editores, 1982. ISBN 968-23-1020-2.

García, Germán Leopoldo. *Macedonio Fernández: la escritura en objeto*. Buenos Aires: Siglo XXI Argentina Editores, 1975.

García Canclini, N. *Las culturas populares en el capitalismo*. México: Editorial Nueva Imagen.

----------. *La producción simbólica*. México: Siglo XXI Editores.

Goldsmith, Joel S. *The Infinite Way*. 23 reimpresión. Marina del Rey, California: DeVorss & Co. Publishers, 1981. ISBN 0-87516-309-2.

González, José Luis. *El País de Cuatro Pisos y otros ensayos*. Río Piedras, Puerto Rico: Ediciones Huracán, 1980.

González Torres, Yólotl. *El culto a los astros entre los mexicas*. México: SepSetentas Diana, 1979. ISBN 968-35-0008-0.

Gueroult, M. *El concepto de información en la ciencia contemporánea*. México: Siglo XXI Editores.

Guevara, Ernesto. *El socialismo y el hombre nuevo*. México: Siglo XXI.

Gutiérrez, Gustavo. *Teología de la liberación*. Lima, Perú: C.E.P., 1971.

Hadox, John H. *Antonio Caso: Philosopher of Mexico*. Austin, Texas: University of Texas Press, 1971. ISBN 0-292-70108-X.

Harrington, M. *La cultura de la pobreza en los Estados Unidos*. México: Fondo de Cultura Económica.

Heisenberg, Werner. *Physics and Philosophy*. New York: Harper & Row, 1958.

Henríquez Ureña, Pedro. *Historia de la cultura de la América Hispánica*. 8va edición. México: Fondo de Cultura Económica, 1966.

----------. *La utopía de América*. Vol. 37. Prólogo de Rafael Gutiérrez Girardot, compilación y cronología de Angel Rama y Rafael Gutiérrez Girardot. Caracas: Biblioteca Ayacucho, 1978.

Hladik, J. *La biofísica*. México: Fondo de Cultura Económica.

Hostos, Eugenio María de. *América: La lucha por la libertad*. Estudio preliminar por Manuel Maldonado-Denis. México: Siglo XXI, 1980. ISBN 958-23-0910-7.

Irbargüengoitia Chico, Antonio. *Suma Filosófica México: Resumen de la Historia de la Filosofía en México*. México: Editorial Porrúa, 1980. ISBN 968-432-547-9.

APENDICE: BIBLIOGRAFIA

Ibarra, J. *José Martí. Dirigente e Ideólogo revolucionario*. México: Editorial Nuestro Tiempo.

Jitrik, Noé. *La novela futura de Macedonio Fernández*. Caracas: Ediciones de la Biblioteca de la Universidad Central de Venezuela, 1973.

Johanson, Donald; y Maitland Edey. *Lucy: The Beginnings of Humankind*. New York: Warner Books, 1981.

Keen, Benjamin. *The Aztec Image in Western Thought*. New Brunswick, New Jersey: Rutgers University Press, 1971. ISBN 0-8135-0698-0.

Krauze de Kolteniuk, Rosa. *La filosofía de Antonio Caso*. Ciudad Universitaria, México: Universidad Autónoma de México,1977

Labastida, Jaime. *Producción, ciencia y sociedad: de Descartes a Marx*. México: Siglo XXI Editores, 1980. ISBN 968-23-0146-7.

Lara, J. *La poesía quechua*. México: Fondo de Cultura Económica.

Leff, Enrique. *Ciencia, Técnica y Sociedad*. México: Asociación Nacional de Universidades e Institutos de Enseñanza Superior, México, 1977.

León-Portilla, Miguel. *Los Antiguos Mexicanos*. México: Fondo de Cultura Económica, México, 1974.

----------. *La filosofía náhuatl estudiada en sus fuentes*. Ciudad Universitaria, México: Universidad Nacional Autónoma de México, 1974.

----------. *Las literaturas precolombinas de México*. México: Editorial Pormaca, 1964.

----------. *Nezahualcoyotl: Poesía y pensamiento*. Texcoco, México: Gobierno del Estado de México, 1972.

Lezama Lima, José. *Esferaimagen: Sierpe de Don Luis de Góngora; Las imagenes posibles*. Barcelona: Tusquets Editor, 1970.

----------. *La expresión americana*. Santiago de Chile: Editorial Universitaria, 1969.

----------. *Tratados en la Habana*. Buenos Aires: Ediciones de la Flor, 1968.

Lopéz Austin, Alfredo. *Hombre-Dios: religión y política en el mundo náhuatl*. México: Universidad Nacional Autónoma de México, 1973.

Lotman, Yuri. *Analysis of the poetic text*. D. Barton Johnson, Ed. and Trans. Ann Arbor, Michigan: Ardis Press, 1976. ISBN 0-88233-106-X

----------. *Estructura del Texto Artístico.* Madrid: Ediciones Istmo, 1978. ISBN 84-7090-088-9.

Lowy, Michael. *El pensamiento del Ché Guevara.* México: Siglo XXI Editores, 1979. ISBN 968-23-0277-3.

Luckert, Karl W. *Olmec Religion: A Key to Middle America and Beyond.* Norman, Oklahoma: Univ. of Oklahoma Press, 1976. ISBN 0-8061-1298-0.

Maldonado-Denis, Manuel. *Betances, Revolucionario antillano y otros ensayos.* Puerto Rico: Editorial Antillana, 1978.

Maldonado-Denis, Manuel, Ed. *Eugenio María de Hostos: Sociólogo y maestro.* Puerto Rico: Editorial Antillana, 1981. ISBN 84-499-4933-5

March, Robert H. *Física para poetas.* Trad. de Félix Blanco. 2a edición. México: Siglo XXI Editores, 1982. ISBN 968-23-0774-0.

Mariátegui, José Carlos. *Siete ensayos de interpretación de la realidad peruana.* México: Ediciones Era, S.A.

Martí, José. *Obras escogidas.* 3 tomos. La Habana: Centro de Estudios Martianos, 1978.

----------. *Sus mejores páginas.* Estudio, notas y selección de textos por Raimundo Lazo. México: Editorial Porrúa.

----------. *Obras completas.* 27 vols. La Habana: Instituto Cubano del Libro y Editorial de Ciencias Sociales, 1975.

Martínez, José Luis. *Nezahualcóyotl: vida y obra.* México: Fondo de Cultura Económica, 1972.

Mason, J. Alden. *Las antiguas culturas del Perú.* Trad. de Margarita Villegas de Robles. México: Fondo de Cultura Económica, 1978. ISBN 968-16-0110-6.

Memmi, Albert. *Retrato del colonizado.* Prólogo de Jean-Paul Sartre. Buenos Aires: Editorial de la Flor, 1969.

Miró Quesada, Francisco. *Proyecto y realización del filosofar latinoamericano.* México: Fondo de Cultura Económica, 1981. ISBN 968-16-0660-4.

Moreno Fraginals, Manuel. *El ingenio.* 3 tomos. La Habana: Editorial de Ciencias Sociales, 1978.

O'Gorman, Edmundo. *La invención de América.* México: Fondo de Cultura Económica.

Ortiz, Fernando. *Contrapunteo cubano del tabaco y del azúcar.* Introducción de Bronislaw Malinowski. La Habana: Consejo Nacional de Cultura, 1963.

Pagels, Heinz R. *The Cosmic Code: Quantum Physics as the Language of Nature*. New York: Simon & Schuster, 1982. ISBN 0-671-24802-2.

Pecujlic, M.; A. Abdel-Malek and G. Blue. *Ciencia y tecnología en la transformación del mundo*. México: Siglo XXI Editores.

Pescador, José Hierro. *La teoría de las ideas innatas de Chomsky*. Barcelona: Labor Universitaria, 1976. ISBN 84-335-1702-3.

Piaget, Jean. *Biología y conocimiento*. Trad. de Francisco González Aramburu. 6ta. edición. México: Siglo XXI Editores, 1981.

Pividal, Francisco. *Bolívar: Pensamiento Precursor del Anti-imperialismo*. Casa de las Américas, La Habana: 1977.

Portuondo, José Antonio. *Concepto de la poesía*. La Habana: Instituto Cubano del Libro, 1972.

----------. *La emancipación literaria de Hispanoamérica*. (No. 15). La Habana: Casa de las Américas, 1975.

Puigdoménech Roseel, Pedro. *Los caminos de la Física*. Barcelona: Salvat Editores, 1981.

Quijano, A. *Introducción a Mariátegui*. México: Era, S.A.

Rama, Angel. "Diez problemas para el novelista latino-americano." *Casa de las Américas*, 60 , (julio 1970), La Habana.

----------. *Los dictadores latinoamericanos*. México: Fondo de Cultura Económica, 1976.

Rama, Carlos M. *La idea de la Federación Antillana en los independentistas puertorriqueños del siglo XIX*. Río Piedras, Puerto Rico: Ediciones Librería Internacional, 1971.

Reyes, Alfonso. *Antología de Alfonso Reyes*. Selección y prólogo de José Luis Martínez. México: Ediciones Oasis, S. A., 1971.

----------. *La experiencia literaria*. Buenos Aires: Editorial Losada, S. A., 1961.

----------. *Obras completas*. México: Fondo de Cultura Económica. 20 tomos. Especialmente, los tomos:
I. *Cuestiones estéticas. Capítulos de literatura mexicana. Varia.*
XIV. *La experiencia literaria. Tres puntos de exegética literaria. Páginas adicionales.Varia.*
XV.*El deslinde. Apuntes para la teoría literaria.*

----------. *Posición de América*. México: Editorial Nueva Imagen.

Ribeiro, Darcy. *Las Américas y la civilización: proceso de formación y problemas de desarrollo desigual de los pueblos americanos*. 3 tomos. Buenos Aires: Centro Editor de América Latina, 1969.

----------. *Los brasileños: teoría del Brasil*. México: Siglo
XXI Editores.

----------. *El dilema de América Latina: estructura de poder y fuerzas
insurgentes*. 7ma. edición. México: Siglo XXI Editores, 1978.
ISBN 968-23-0056-8.

----------. *Fronteras indígenas de la civilización*. México:
Siglo XXI Editores, 1971.

----------. *La Universidad Latinoamericana*. Santiago de Chile:
Editorial Universitaria, S. A., 1971.

----------. *La Universidad Necesaria*. Buenos Aires: Editorial
Galerna, 1967.

Rodney, Walter. *How Europe Underdeveloped Africa*. Washington,
D. C.: Howard University Press, 1981. ISBN 0-88258-096-5.

Rodríguez, C. R. *José Martí, guía y compañero*. México: Editorial
Nuestro Tiempo, S. A.

Romano, James V. *Clemente Soto Vélez: Texto y Contexto*. Tesis
de Maestría en el Departamento de Español y Portugués
de Columbia University, New York, 1983.

Rosenblueth, Arturo. *Mente y cerebro: una filosofía de la ciencia*.
6ta edición. México: Siglo XXI Editores, 1981.

Sahagún, Fr. Bernardino de. *Historia General de las Cosas de Nueva
España*. Angel María Garibay K., Ed. 4 vols. México: Siglo XXI.

Salazar Bondy, Augusto. *¿Existe una filosofía de nuestra América?*
7ma edición. México: Siglo XXI, 1981. ISBN 968-23-0147-5.

Sánchez Vázquez, Adolfo, Ed. *Estética y marxismo*. México:
Ediciones Era, 1975. 2 vols.

----------. *Las ideas estéticas de Marx*. 11a edición. México:
Ediciones Era, 1981.

Sandino, Augusto César. *El pensamiento vivo de Sandino*. Selección y
notas de Sergio Ramírez. La Habana: Casa de las Américas, 1980.

Santana, Joaquín G. *Félix Varela*. La Habana: Union de Escritores
y Artistas de Cuba, 1982.

Santo, Arturo. *Relación de la literatura con las otras artes*.
México: Assoc. Nacional de Universidades e Instituciones de
Enseñanza Superior, 1972.

Searle, John. *La revolución de Chomsky en lingüística*. Trad. de
Carlos Manzano. Barcelona: Editorial Anagrama, 1973.

Séjourné, Laurette. *América Latina: Antiguas culturas precolombinas*.
5ta edición. México: Siglo XXI, 1975. ISBN 84-323-0009-8.

----------. *El pensamiento náhuatl cifrado por los calendarios*. México: Siglo XXI Editores.

----------. *Pensamiento y religión en el México Antiguo*. México: Fondo de Cultura Económica, 1964.

----------. *El Universo de Quetzalcoatl*. Prefacio de Mircea Eliade. México: Fondo de Cultura Económica, 1962.

----------. *Teatro Escambray*. La Habana: Editorial Ciencias Sociales, 1977.

Semolinos. *Medicina en las culturas mesoamericanas anteriores a la Conquista*. México: La Prensa Médica Mexicana.

Sepúlveda, Arnaldo, Ed. *Esta urticante pasión de la pimienta*. New York: Prisma Books, Inc., 1983. ISBN 0-910235-01-5.

Solari, Aldo E.; Rolando Franco y Joel Jutkowitz. *Teoría, acción social y desarrollo en América Latina*. México: Siglo XXI, 1976.

Soto Vélez, Clemente. *Abrazo interno*. New York: Las Américas, 1954.

----------. *Árboles*. New York: Las Américas, 1955.

----------. *Caballo de palo*. Puerto Rico: Instituto de Cultura Puertorriqueña, 1976.

----------. *Escalio*. San Juan: Editorial Puerto Rico Libre, 1937.

----------. *La tierra prometida*. San Juan, Puerto Rico: Instituto de Cultura Puertorriqueña, 1979. ISBN 84-499-0785-3.

Sten, María. *Vida y muerte del teatro náhuatl*. México: SepSetentas, 1974.

Suzuki, D. T. *Introducción al Budismo Zen*. Bilbao, España: Editorial Mensajero, 1979. ISBN 84-271-0779-X.

----------, y Erich Fromm. *Budismo Zen y Psicoanálisis*. Trad. de Julieta Campos. 4ta ed. México: Fondo de Cultura Económica, 1975.

Tamez, Elsa. *La Biblia de los oprimidos: La opresión en la teología bíblica*. Costa Rica: Depto. Ecuménico de Investigaciones, 1979.

Taylor, Gordon Rattray. *The Great Evolution Mystery*. New York: Harper & Row, 1983. ISBN 0-06-039013-1.

Ternevoi, O.C. *La filosofía en Cuba: 1790-1878*. La Habana: Editorial de Ciencias Sociales, 1981.

Torquemada, Fray Juan de. *Monarquía indiana*. Edición preparada por el Seminario para el estudio de fuentes de tradición indígena, bajo la coordinación de Miguel León-Portilla. 7 tomos. México: Universidad Autónoma de México, 1975.

Torres, Camilo. *Cristianismo y revolución*. Prólogo, selección
y notas de Óscar Maldonado, Guitemie Oliviéri y Germán
Zabala. México: Ediciones Era, S.A., 1972.

Torres, Sergio y John Eagleson. *Theology in the Americas*. Maryknoll,
New York: Orbis Books, 1976. ISBN 0-88344-476-3

Trefill, James S. *From Atoms to Quarks: An Introduction to the Strange
World of Particle Physics*. New York: Charles Scribner's Sons,
1980. ISBN 0-684-16484-1.

Varela, Félix. *Escritos políticos*. La Habana: Editorial Ciencias
Sociales, 1977.

Villanueva, Tino, Compilador. *Chicanos: Antología histórica y literaria*.
México: Fondo de Cultura Económica, 1980.

Vitier, Cintio. *Ese sol del mundo moral*. México: Siglo XXI, 1975.

Vitier, Medardo. *Las ideas y la filosofía en Cuba*. La Habana:
Editorial Ciencias Sociales, 1970.

Ward, B. y R. Dubos. *Una sola Tierra. El cuidado y conservación
de un pequeño planeta*. México: Fondo de Cultura Económica.

Westheim, P. *Ideas fundamentales de arte prehispánico*.
México: Ediciones Era, S.A.

----------. *Obras maestras del México antiguo*. México: Ediciones
Era, S.A.

Wolf, Fred Alan. *Taking the Quantum Leap*. San Francisco: Harper &
Row, 1981.

Zea, Leopoldo. *Dependencia y liberación en la cultura latinoamericana*.
México: Editorial Joaquín Mortiz, 1974.

----------. *La filosofía americana como filosofía sin más*. 8va edición.
México: Siglo XXI Editores, 1980. ISBN 968-23-0274-9.

----------. *Filosofía de la historia americana*. México: Fondo de
Cultura Económica.

----------. *Filosofía latinoamericana*. México: Asociación Nacional
de Universidades e Institutos de Enseñanza Superior y Editorial
Edicol, 1976.

----------. *El pensamiento latinoamericano*. 3ra edición. Barcelona:
Editorial Ariel, 1976. ISBN 84-344-1793-6.

Zukav, Gary. *La danza de los maestros: la física moderna al alcance
de todos*. Trad. por Joaquín Adsuar. Barcelona: Editorial Argos
Vergara, 1981. ISBN 84-7178-330-4.

APENDICE: DIRECCIONES DE CASAS EDITORIALES

Anchor Press/Doubleday.
Garden City, New York, U.S.A.

ARCA Editorial, S.R.L.
Colonia 1263,
Montevideo, Uruguay.

Ardis Press
2901 Heatherway,
Ann Arbor, Michigan, U.S.A.

**Asociación Nacional
de Universidades e**
Institutos de Segunda
Enseñanza Superior
Insurgertes Sur, 2133, 3er piso
México 20, D.F., México

Biblioteca Ayacucho
Apartado Postal 14413
Caracas 101, Venezuela

Casa de las Américas
Tercera y G, El Vedado,
La Habana, Cuba

**Centro Editor de América
Latina, S.A.**
Avenida de Mayo 1365
Buenos Aires, Argentina

**Compañía Editorial
Continental**
Calzada Tlalpan, núm. 4620
México 22, D.F., México

**Cuadernos de Pasado y
Presente**
Libros distribuídos por:
Siglo XXI, Editores
Cerro del Agua 248
México 20, D.F.,México

**Departamento Ecuménico de
Investigaciones**
Aptdo. 339, S. Pedro
Montes de Oca,
San José, Costa Rica

Ediciones de la Flor, S.R.L.
Uruguay 252   1ro,
Buenos Aires, Argentina

Ediciones El Caballito, S.A.
Avenida Juarez 64
México 1, México

Ediciones ERA, S.A.
Avena 102
México 13, D.F.,México

Ediciones Hispamérica
5 Pueblo Court,
Gaithersburg, MD 20878, U.S.A.

Ediciones Huracán, Inc.
Avenida González 1003
Río Piedras, Puerto Rico 00925

Ediciones Istmo
Calle General Pardiñas 26
Madrid 1, España

Ediciones Oasis, S.A.
Oaxaca 28
México 7, D.F., México

Ediciones Vitral, Inc.
G.P.O. Box 1913
New York, N.Y. 10116, U.S.A.

Editores Mejicanos Unidos
L. González Obregón, 5-B
México 1, D.F., México

Editorial Argos Vergara, S.A.
Aragón 390
Barcelona 13, España

Editorial Ariel Seix Barral
Morelos 98-304
México 1, D.F., México

Editorial Arte y Literatura
Calle G, núm. 505
Plaza de la Revolución
La Habana, Cuba

Editorial Ciencias Sociales
Calle 14, núm. 4104, Playa,
La Habana, Cuba

Editorial Cultural, Inc.
Calle Roble, núm. 51
Río Piedras, Puerto Rico 00927

Editorial Edicol, S.A.
Blvd. M. Avila Camacho,
núm. 40-316 Naucalpán,
Edo. de México, México

Editorial Estela, S.A.
Avenida José Antonio, 563
Barcelona 11, España

Editorial Fundamentos
Caracas 15
Madrid, España

Editorial Galerna
Calle Boulogne
Sur Mer 580
Buenos Aires, Argentina

Editorial Joaquín Mortiz
Tabasco 106
México 7, D.F., México

Editorial Labor, S.A.
Calabria, 235-239
Barcelona 15, España

Editorial Letras Cubanas
Calle G, núm. 505, El Vedado
La Habana, Cuba

Editorial Lozada
Alcina 1131
Buenos Aires, Argentina

Editorial Mensajero
Avda. de las Universidades 13
Aptdo. 73
Bilbao, España

Editorial Pormaca, S.A.
Perú 61
México, D.F,, México

Editorial Porrúa, S.A.
Avda. República Argentina 15
México 1, D.F., México

Editorial Prensa Española
Serrano 61
Madrid, España

Editorial Seix Barral, S.A.
Provenza 219
Barcelona, España

Editorial Sudamericana, S.A.
Calle Humberto 1ro, 545
Buenos Aires, Argentina

**Editorial Universidad
de Buenos Aires**
Florida 656
Buenos Aires, Argentina

Editorial Universitaria, S.A.
San Francisco 454
Santiago de Chile, Chile

**Editorial Universitaria
de Buenos Aires**
Rivadavia 1571
Buenos Aires, Argentina

Eliseo Torres & Sons
1164 Garrison Avenue
Bronx, New York 10474

Fondo de Cultura Económica
Avda. de la Universidad 975
México 12, D.F., México

Instituto Cubano del Libro
Calle 14, núm. 4104
Marianao 13, La Habana, Cuba

**Instituto de Cultura Puerto-
rriqueña**
División de Publicaciones
Apartado 4184
San Juan, Puerto Rico 00905

**Instituto de Investigaciones
Históricas** de la Universidad
Nacional Autónoma de México
Torre de Humanidades,
Ciudad Universitaria,
México 20, D.F., México

APENDICE: DIRECCIONES DE CASAS EDITORIALES

John Know Press
Atlanta, Georgia 30365, U.S.A.

Las Americas Publishing Co.
37 Union Square West
New York, N.Y. 10003, U.S.A.

Librería Internacional, Inc.
Saldaña núm. 3
Río Piedras, Puerto Rico 00925

Libro-Mex Editores S. de R.L.
Apartado 12196
México, D.F., México

Orbis Books
Maryknoll, N. Y. 10545, U.S.A.

Prensa Española
Serrano 61
Madrid, España

Prentice-Hall, Inc.
Englewood Cliffs
New Jersey, U.S.A.

Presencia Latinoamericana
—Distribuído por Ediciones
Vitral, Inc.

Prisma Books, Inc.
Box 375
Audubon Station
New York, N.Y. 10032, U.S.A.

Salvat Editores, S.A.
Aula Abierta Salvat
Príncipe de Vergara, 32
Madrid 1, España

Sep-Setentas
Secretaría de Educación Pública
Dirección General de Divulgación
Sur 124, núm. 3006
México 13, D.F., México

Shambala Publications, Inc.
1123 Spruce Street
Boulder, Colorado 80302, U.S.A.

Siglo XXI, Editores, S.A.
Cerro del Agua 248
México 20, D.F., México

Siglo XXI Argentina Editores
Perú 952
Buenos Aires, Argentina

Simon and Schuster
1230 Avenue of the Americas
New York, N.Y. 10020, U.S.A.

South End Press
Box 68, Astor Station
Boston, MA 02123, U.S.A.

Tusquets Editor
Avda. Hospital Militar,
52, 3r, 1ro
Barcelona 6, España

Unión Nacional de Escritores
y Artistas Cubanos
17 y H, El Vedado,
La Habana, Cuba

Universidad Nacional
Autónoma de México
Dir. General de Publicaciones
Ciudad Universitaria
México 20, D.F., México

—   ·   —